WRITING TO PERSUADE
共鸣写作

How to Bring People Over to Your Side

[美] Trish Hall 崔西·霍尔 著　唐乃馨 译

献给我的老师

前　言

在差不多 5 年时间里,我作为《纽约时报》社会评论版的负责人,埋头于争论、激情和各种创意之中。我手下有 12 位编辑,他们负责阅读稿件,稿件来自老将名人,也来自名不见经传的新手,每个人都希望自己的文章能被更多读者看到。还有两名负责"淘金"的助理,他们会仔细研读每周送来的数百份未经约稿、主动投递的文章。我也读过很多来稿,多到数不过来。稿件总是多得没时间处理。

能见识那些学识渊博、富有创造性的作家和撰稿人,我觉得很荣幸,他们的才华令人惊讶。同时我也惊讶于某些文章的糟糕程度,虽出自常春藤联盟名校毕业的名人、成功人士之手,但那些经过精心编排的文章实则句子杂乱,想法也平平无奇。即便有些人的理念很新颖,值得一听,但文章却充斥着太多术语行话,无法吸引读者。

起初,那种充满观点的文章对我来说很陌生——这些作者渴望,甚至不顾一切地想阐明自己的观点,进入论证的节奏。一直以来,我都是个没什么野心的新闻工作者,也不想跟谁争个胜负。多年来,我一直在做这三件事——做报道、写文章、做编校,无论做什么,我都乐于接受并吸取他人的想法。对于自我表达,我反倒没什么兴趣。我常常觉得自己是个没有观点的人,因为我很早就意识到自己有一种成为变色龙的趋势:我会取巧地从自己的过往经历中寻找一些事件,让它们与当前处理的主题产生关联。

我想与一个来自南方的工薪阶层母亲建立关联？好的，我谈起了自己在宾夕法尼亚州乡下长大的经历：我的继父有一个养狗场，那些狗每天五点准会汪汪叫，好像在宣布鸡尾酒时间[①]开始了，这很有趣，对吧？我需要采访哈佛的教授？没问题，我提到了我父亲曾在哈佛大学获得硕士学位，十年后他搬到了洛杉矶的事。我可以是乡下人，也可以是城市人，只要能达到目的就可以。

我之所以入行做社会评论，与学术兴趣无关，我不是意见领袖，也没有丰富的辩论经验。这一点与业内的很多人不同。曾几何时，"观点"对我来说是一个陌生的世界，而且一开始我有点害怕表达。但随着时间的推移，我意识到自己有多么幸运。这份工作给了我一个倾听美国人的感受和想法的机会，让我可以尽己所能帮助写作者找到他们的读者。如果一个想法对我个人来说是有意义的——无论作者来自右翼还是左翼，或者是非政治派别——我相信它也会对其他人有意义。

我想借这本书把自己写作和编校方面的心得分享给大家。我想帮助你，以一种有说服力的方式表达自己的观点，无论是写社会评论文章，还是写大学论文、求职邮件，甚至是给丈夫写便条。诚然，这本书的主要内容是写作方法，但我偶尔会探究一下这些方法背后的心理学原理。了解一些人类的行为方式是有用的，这能让你在面对面交流时更加自如。

那么，你可能会问：我想知道关于论证、说服的规则，想让人们信服我说的话，这本书里有这样的规则吗？当然有。改变他人的想法

[①] Cocktail Hour，酒店和餐厅利用鸡尾酒来吸引顾客的一种方式。在此期间，客人会边喝鸡尾酒、吃开胃菜，边进行社交。——译者注（若无特殊说明，本书脚注均为译者注。）

是一件很有挑战性的事，但"说服"是有通用规则的，这些规则不仅可以应用在书面论证中，在日常生活中也能让人们站到你这一边。和许多规则一样，它们不容易遵守；和所有规则一样，它们还很容易被打破。当然，即便违反这本书里的所有原则，你或许仍然可以说服别人同意你的观点，但是请相信，使用这些方法，会增加你成功的概率，这会让你对人类的心理有足够的理解和把握。

以下是我在职业生涯中一直遵循的15项原则。

写出说服力的15项原则

1. 倾听。为读者考虑很重要，这或许是我最重要的观点。在这个时代，大家都倾向于以自我为中心，但你要知道，你要说服的不是你自己，而是对方。无论是进行一对一的谈话，还是试图说服某出版物数百万的订阅读者，如果想让他们愿意听你的话，第一步——也是最重要的一步——是听他们说话。你需要知道他们是谁以及他们的感受如何。

2. 人们只相信他们所相信的。要知道，我们会出于各种各样的理由坚持自己的观点。如果你对对方说一些他们青睐的候选人的负面消息，他们可能会更加支持那位候选人。他们已经将自己寄托于他们相信的观点之中，想让他们回心转意是很难的，这些人又不傻。放在你身上也一样——只是你还没意识到。不要试图影响那些并不同意你观点的人，不值得。有时，你就是没办法改变一个人。你得接受这一点。

3. 尊重你的读者，学会共情。试着站在他们的立场，理解他们的感受，想象如果你是对方会怎样。这不容易，但很必要。

4. 避免陷入争吵。大多数情况下，争吵是没用的。人们会更加提防，甚至干脆拒绝沟通。客服人员可能是唯一会对争吵和语言攻击做出积极、温柔回应的人，因为他们别无选择，只能被动接受他人的冒犯。类似"你错了"或"我才是对的，你知道"这样的话，以后还是别说了。

5. 关注感受。感受很重要，甚至比事实还重要。正如纽约精神病学教授理查德·弗里德曼（Richard Friedman）所说的那样："是否用药要基于事实，但想确定合理的用药剂量，你得了解病人的精神和情绪状态。"所有人都会对情感上有吸引力的信息做出反应。

6. 理解人们的道德观。我们对世界的理解由我们的道德观决定。心里装着"他们的"而不是"你自己的"价值观，你的观点才会得到读者的关注。

7. 强调你们之间的相似之处。人们更愿意认同与自己相似的人。讨喜的人比不讨喜的人更容易说服他人。主动一点，有风度一点，做错了事就承认。我发现，巧妙地道歉或承认错误是很有用的。

8. 你擅长什么？写你了解的，在这个领域，你的专业知识无人质疑。假设你是计算机专业人士，那就写写关于硬件或软件的东西，如果你的父亲即将去世，你对医疗系统的临终治疗方式感到愤怒，但如果你不了解，最好不要写这方面的东西。总会有你了解或写起来有感觉的东西，那才是你应该关注的。

9. 给读者惊喜。当今时代，图文信息浩如烟海，所有信息都在拼命吸引人们的关注。无论你是在写大学论文，还是写申请书向银行提出延长按揭期限，你写的东西都得让人眼前一亮才行。有的人可能必须得读你写的东西，但他们是否喜欢读你决定不了。你要做的，就是让他们喜欢。如果你想让自己写的东西得到发表，那你就得写出新的观点，否则只会石沉大海，白费劲。你写的东西得与人们的诉求息息相关，不管那是 50 个字还是 5000 个字。

10. 要写得具体。如果能让你的观点生动起来——不管是使用巧妙的语句，还是一个惊人的概念——人们一定会被吸引，不太可能走神忽略。如果你的东西只是泛泛而谈，没有具体的细节和生动的图片，那就太单调乏味了。

11. 讲故事。人们会对故事做出反应。故事代替不了事实，但没了故事，事实会变得枯燥乏味。

12. 事实并非魔法。光有事实，并不一定能说服读者。人们会听他们愿意听的，即便是世上最好、最完美的事实也并不会改变这一点。实际上，人们会给一切他们不想听到的事情贴上"假新闻"的标签，会选择性地接受事实，有时，这种选择是下意识的。我向你保证，任何人都会这么做，无关教育背景或政治信仰。而事实本身，也未必像你所希望的那样具有说服力。不过，一个出人意料的事实确实是一篇好文章或论文的基础。

13. 事实当然重要。如果犯了事实性错误，可能会有人向你"开炮"，你的文章会被嘲讽、被弃之不理，甚至更糟。好好检查文章里的事实性问题。万一处理不当，那可就完了。

14. 放弃术语和行话。许多极好的想法都被术语和行话遮住了光芒。别再用术语和行话了，陈词滥调也扔了吧。这些乏味的招数只会让读者懒得读。

15. 精简，别不舍得删。大多数人在写作上都有些啰唆。精简，精简，精简！关于写作技巧，优秀的作品有很多，我最爱的四本是：威廉·斯特伦克（William Strunk）和 E. B. 怀特（E.B.White）合著的《风格的要素》（*Elements of Style*）、威廉·津瑟（William Zinsser）

的《写作法宝》(*On Writing Well*)、约翰·麦克菲(John Mcphee)的《写作这门手艺》(*Draft NO. 4*)以及安·拉莫特(Anne Lamott)的《关于写作：一只鸟接着一只鸟》(*Bird by Bird*)。关于写作的知识，没有人全数了解，所以，读读这四本书还是很值得的，你也可以读别的。想要写得好，就得博览群书。经常阅读的人，通常也能写出好文章。

目 录

第一部分　我的故事

第一章　成为作者　　　　　　　　　3
第二章　成为编辑　　　　　　　　　17
第三章　管理社论部　　　　　　　　23
第四章　与名人打交道　　　　　　　33

第二部分　你的故事呢?

第五章　找到自己的风格　　　　　　41
第六章　诉诸个人经历　　　　　　　49

第三部分　让读者信服

第七章　了解你的读者　　　　　　　59
第八章　你喜欢狗? 我也是!　　　　71
第九章　"利用"感情　　　　　　　　79
第十章　共情的力量　　　　　　　　87
第十一章　不要争论　　　　　　　　97

第四部分　写作技巧

第十二章　讲故事　　　　　　　　　　　　　　105

第十三章　事实为什么重要？又为什么不重要？　113

第十四章　专注、翔实、精简、消灭术语　　　　129

第十五章　提出创意　　　　　　　　　　　　　145

第十六章　如何"取悦"编辑　　　　　　　　　155

第五部分　说服心理学

第十七章　人只信自己愿意信的　　　　　　　　167

第十八章　道德价值的力量　　　　　　　　　　173

第十九章　改变人们观念的究竟是什么？　　　　179

结语：冲啊！　　　　　　　　　　　　　　　　187

致　谢　　　　　　　　　　　　　　　　　　　189

第一部分

我的故事

第一章　成为作者

有些人写作，起初是因为工作或学业的需要，而后渐渐发现自己喜欢写；有些人是因为在做研究的过程中发现乐趣，想与他人分享成果，从而开始写作；也有一些人，他们觉得自己天生就是作家，这常常出于某种情感和心理上的原因。但这并不是说后者在写作上更具优势，只能说明他们更早地形成了自我认知。我的成长轨迹便是如此。

小时候，家里会在物质上尽可能地满足我。但和很多孩子一样，我常常觉得苦恼。为了摆脱这种苦恼，我选择阅读。一开始我住在宾夕法尼亚州，父母在一条土路边上盖了栋平房，那时我还没有开始阅读。我的阅读之路是从 8 岁那年开始的，父亲跟街对面的女人——我朋友弗雷德的妈妈——私奔去了加利福尼亚州。从那以后，妈妈带着我们几个孩子便搬去了 5 英里[①]外外祖母留下的房子，那房子位于一条路的尽头，旁边是一座高尔夫球场，森林茂密，小溪潺潺，附近还有一个吉卜赛人的营地——至少我们这帮孩子愿意相信那是个吉卜赛人的营地。我有时会在附近闲逛，有时躺在树下看书，有时走半个小时的路去达拉斯的小镇上。镇子很小，只有一个红绿灯。我会坐在餐

---

① 1 英里为 1609.3 米。

厅的柜台前，吃一种叫作"射手派"的甜点，这是居住在宾夕法尼亚州的德裔制作的一种点心，里面有厚厚的蜜糖。吃完后，我会去图书馆选些书。当然，在足以凭一己之力走到图书馆之前，妈妈会开车载我去。具体的画面我已经记不清了，因为她没有送我太长时间。

我记得，通常，在给外祖父母上坟之后，妈妈总会驱车20分钟带我去威尔克斯-巴里市的多莉·麦迪逊买冰激凌。对于冰激凌，妈妈的口味和我的一样，喜欢咖啡混合薄荷巧克力碎。这段记忆倒是很清晰，因为我和妈妈在其他方面几乎没有共同点。她是个外向的人，喜欢聚会，而我寡言少语，沉迷于书籍的世界，她可能更想要一个与我截然不同的女儿。可能我让她想起了那个男人吧——那个在半夜趁她睡着，把自己那一侧的衣帽间腾空，自此消失无踪的男人。我们从威尔克斯-巴里回家的路上会经过图书馆，我会把那一周读完的三四本书还回去，再借三四本回来。高中时，我已经读了图书馆里大部分青少年读物。是这些书，帮助我度过了那段难熬的日子。我生长在一个丝毫没有家的感觉的地方，而阅读让我能够尽情想象，觉得自己并不是这样长大的。那个地方太过偏僻，而我又那么孤单。

书带我看世界，深入书中人物的生活，那种真实感甚至胜过与身边活生生的人相处。当然，我现在明白了，只要与人相处，就不会乏味，无论在哪儿，而那时的我年少无知。现在，与仍住在宾夕法尼亚州的亲戚交谈时，我很想听他们讲讲那里发生的事——一位法官通过伤害儿童获利、某户人家的家庭成员在一年之内相继死亡……这些故事悲伤、真实而深刻，充满戏剧性——是那种我儿时在书里读到过的戏剧性。无论生活在哪里，无论在哪里长大，总会有耐人寻味的人，总会有能引发人共情的故事，总会有令人拍案叫绝的想法。可那时的我囿于小镇生活的愁闷，看不到这些。

许多孩子会夸大他们成长中的痛苦，我也不例外。其实童年还是有很多快乐的。比如在漫长的夏夜，街区的孩子们会玩一种自创的"追逐"游戏，这个游戏是捉迷藏的复杂版本，里面有"监狱"。有时我会在街上给朋友们讲关于狂欢晚会和出现在冰箱里的鞋子的故事。还有我的两个兄弟，我那些亲密的朋友，那些在外过夜的周末，那些溜冰场上的聚会。

当然，我仍然热爱阅读，仍想成为一个作家。但那时我不知道该如何实现这一梦想。如今，因为有互联网，在这个国家成长的大多数孩子没有经历过我儿时的那种孤独，他们可以看电影，认识和自己处境相同的人。达拉斯镇没有博物馆，我甚至不认识一个听古典乐的人。在我的记忆中，关于文化的最激动人心的事，便是躲进邻居家汽车的后座，到汽车电影院看《巴特菲尔德8号》（Butterfield 8），这是一部关于出轨的电影，根据约翰·奥哈拉（John O'Hara）的小说改编。如你所料，几十年来，我一直对关于出轨的书籍和电影十分痴迷。当你寻找感兴趣的主题，或者你觉得有要写的主题时，一定要在塑造了现在的你的那个世界里尽情挖掘。

儿时，很少有人会偏离小镇生活中那些不成文的规则。作为一个离了婚的女人，我的妈妈保持了很多年单身的状态，这很不寻常。她的好朋友贝蒂、艾格尼丝姐妹也终身未婚。我认识的大多数成年人都结了婚，有好几个孩子。他们通常是小公司职员、牙医，或医生。作家呢？当时我觉得所有作家都住在纽约，从那时开始，我就想搬到纽约了。

我一直很喜欢纽约，神奇的是，这座城市每年都会在我的生活中出现几次——我时而会和妈妈、姨妈、表妹一起在纽约住上一晚。我和杰菲会搭配着穿衣服——她穿蓝色，我穿粉色——去逛Best &Co. 百货，如今这家传统百货公司已经不复存在了。有时我们会去拜访妈妈的朋友，一个在第五大道百货公司上班的单身女人。抛开她胳膊上那些奇怪的斑点不说，她是我所见过的最让我兴奋的女人，因为她独自一人在纽约生活。这样的旅行在我很小的时候就停止了，但它们的影响依然存在。几年前，我碰巧走进了以前经常下榻的那家酒店的电梯，电梯里那种独特的味道让我想起自己童年时对纽约的渴望，对逃离小镇生活的渴望。

那时，除了图书馆，我还有肖茨夫人。她是七年级和八年级的英语老师。当时，像她这样从史密斯学院毕业的高学历女人是不容易找到教师以外的其他工作的，史密斯学院是知识女性眼中的最高峰，也是七姐妹学院①之一。能认识肖茨夫人，我觉得很幸运。

肖茨夫人会在黑板上写："温斯顿香烟的味道和卷烟的味道一样好。"② 我依然记得她拿着粉笔在黑板前的身影。这是句无处不在的广告语，1954年起就开始流行了。她对这句广告十分恼火，因为广告文案里用的是 like，而不是 as。肖茨夫人认为，这句广告语会毁掉我们这代人的语法能力。

> like 和 as 是怎么回事儿呢？从句里有动词时，用 as，比如："Winston tastes good, as a cigarette should." 从句里没有动词时，才用 like，比如："Winston tastes like a good cigarette."

---

① 对美国东北部地区7所文理学院的称呼，因这些学院都曾是女子学院而得名，源自19世纪，当时的美国，女性高等教育刚刚起步。

② 原文为："Winston Tastes Good Like a Cigarette Should." 这是美国20世纪的一条家喻户晓的烟草广告。

（肖茨夫人并非我生命中遇到的唯一一个严谨的语法学家。我的爸爸虽然是一位工程师，但也十分执着于言辞是否恰当。有一段时间，弟弟比尔习惯在句子前面加上"你知道吧"，继而滔滔不绝，爸爸对此很反感，咄咄逼人地回应弟弟："不，我不知道。"他鄙视那些破坏句子流畅性的口头禅。）

为了不让自己的学生成为不懂语法的人，肖茨夫人每天都会给我们布置一篇作文。写什么不重要，写一句可以，写三句也可以，但必须写。如果作业写得足够好，就能在课堂上读给大家听。我喜欢这种形式，很有诗意。但愿我还留着那些作业，它们像一扇窗户，透过窗我能看到曾经的自己。重要的不是内容，而是那时候习得的写作素养——每天记录一个想法或一种感受。对于那些想要持续观察生活以便在日后的写作中有素材可挖的人来说，这是一种很好的练习。我的老师曾提出了"简洁"的建议，这对任何类型的写作都很有用。节奏紧凑并不意味着无聊，相反，这意味着写作者是在有意识地选择词语和句子结构，通过不停地回顾词句，直至确信读者读起来毫不费劲，能够像泡澡一样没有任何障碍地沉浸在句子中。

当我说我想成为一个作家时，肖茨夫人并没有嘲笑我，反而告诉我：你能做到。每个写作者都应该有这样一位导师。在她的启发下，我走上了写作这条路。我为我们的小学写过年鉴（包括一篇尴尬的文章，题为《智慧与智力的区别》），后来还为高中的校报写过稿子。在伯克利大学读大二的时候，我发觉自己在偌大的校园里迷失了。随后，我加入了《加州日报》[①]，也是这段经历帮助我找到目标，最终成为一名记者。

[①]《加州日报》(*Daily Californian*)是一份由学生经营的独立报刊，受众为加州大学伯克利分校及周围社区的人群。

如果你在读高中或大学，正犹疑自己是否想从事写作，有条件的话，可以加入出版项目小组或创意写作小组。如果没有，那就组建一个这样的小组。和伙伴、小组成员一起写作，会敦促你打开思路，获得更加清晰的构思，伙伴们的反馈也会让你有所收获。你永远不知道谁会成为你最棒的老师——他们不一定比你年长，也不一定是教授。迈克尔·J. 霍尔（Machel J. Hall）就是这样的一个人，他严苛而精力充沛，是学生报《加州日报》负责本地新闻的编辑，这份报纸的日发行量为4万份。（遗憾的是，迈克尔英年早逝，后来在沙特阿拉伯的一座桥上坠落身亡。）他雷厉风行，力求完美。他让我们在半页纸上写，方便他将纸张打乱，随后排出正确的顺序。他会在耳朵后面夹一支铅笔，为我们修改的时候便会拿下铅笔涂涂写写，像模像样，就像正经报社里的编辑该有的样子。

　　他是我的第一个榜样。他是怎么学到这身本事的呢？我不知道。也许是因为他曾在美联社做过暑期实习，也许是他看了很多相关的电影。虽然他只有20岁，我却从他身上学到了报刊文章写作的基本要素：他为我布置的第一个任务是采访一位教授。采访完回去准备开写的时候，我意识到自己弄丢了笔记本。迈克尔让我给教授打电话，把所有的问题再问一遍。如今我已经忘记了教授的姓名、部门和采访细节，但我清楚地记得发现自己弄丢笔记瞬间的挫败感。而迈克尔把我从这种挫败感中拉了出来，引导我做成了这件事，我的第一篇采访成功登上校报。如果他没有敦促我这样做，我可能会离开，成为一名城市规划师或别的。从某种程度上说，遇上迈克尔这样能推你一把的人，纯属运气。但你还是得对自己负责，你得坚持到底，事情再难也不能逃避。我遇到过许多次困难，我理解那种排除万难的心气。

　　当时，迈克尔正在组建一个团队，我成了其中的核心成员，先是做记者，后来做了社会评论撰稿人。做记者的时候，我学会了如何迅速写作，如何闯进人群展开提问。成为撰稿人后，我学会了如何在最后期限之前完成任务，与不同类型的人一起工作。与我共事的有偶尔写写、永远不会成为职业撰稿人的写作者，还有印刷厂的人——印刷厂每年秋天都会培训一批即将成为印务人员的学生。当时，《加州日报》发表了一篇关于人民公园①的社论文章，我通过这件事了解了新闻业面临的挑战。人民公园本来是加利福尼亚大学伯克利分校的土地，后来被非法改建成一个公园。经过一次流血事件后（造成一人死亡，一人失明），大学收回了这块地。在那段时间里，人们紧张、情绪化，我们报社也认为冲突应该被制止。这篇社论呼吁收回公园，文章发表后，又引发了一场骚乱。而《加州日报》被指责为这次骚乱的始作俑者，我们这个由5人组成的高级编委会面临着被起诉的风险。

我甚至没有参与那篇社论的投票和遴选。当时我忙于采访和报道，没工夫发表自己的见解。但编委会5个人中的多数投了赞成票，这让那篇社论最终被发表。那场骚乱之后，《加州日报》被赶出了校园，也失去了大学的资金支持。我们成了湾区的"大人物"。而关于那次事件的大多数文章，或多或少都存在一些错误：名字拼写错误、细节被歪曲等。考虑到那些文章大多出自"真正的"成年记者之手，这既有启发性，又令人沮丧，同时也给了我们一个重要且令人难过的关于"真相"的教训：永远不会有人了解所有真相，但你得尽全力追求细节的准确性。这段经历也让我对接受记者采访心存警惕，对于一个几十年来一直在采访别人的人来说，这很有趣。

---

① 从法律上讲，人民公园（People's Park）是加州大学伯克利分校的财产，但一直被视为附近低收入和无家可归人口的避难所。在1969年4月，伯克利分校决定在此处修建运动场，继而与在公园活动的民主人士之间发生了一系列冲突。

世上大约有一半人想写小说，我就是其中之一。但我知道自己怎么也得先赚钱养活自己，所以在大学的最后一年，我向离康涅狄格州纽黑文市 40 英里范围内的多家报社投了求职信。当时我的男友正在纽黑文市上学，准备考公共卫生硕士。很快，我收到了橄榄枝，开始了人生中的第一份工作。虽然缺乏自信，但作为一个 21 岁的年轻人，我倒还算经验丰富。当时，我在为美联社做特约记者，还是一所知名大学校报的记者和撰稿人。当然，我还是采访伯克利分校骚乱事件的第一位女性。实际上，我当时很卖力，常常出现场，甚至被分发了属于自己的防毒面具——以便在冲突发生之时尽快从公寓赶到现场，而不用先回到办公室取面具。如果我是个男人，又如此经验丰富，那么大概率会去纽约找工作，但我选择了跟随男友的脚步，这也是最轻松的一个选择。我很高兴自己当初这样选了，因为我觉得自己可能没法应对那个年代纽约的同业竞争。我很可能会被压力压垮。

接下来的九年里，我的信心与日俱增。你或许也有这种体会：与其被最具挑战性的工作单位拒绝从而彻底放弃，不如从小地方开始，努力往上爬。在丹伯里做了短暂的一段时间的记者后，我在纽黑文找到了一份文稿编辑的工作。终于结束了两个城市之间的通勤，我很高兴，尽管我为此离开了记者岗位。但我讨厌被困在办公室里干毫无意义的工作：编辑讣告，把稿件塞进气动管——稿件会在迷宫般的管道里穿梭，飞到排版室，然后报纸就诞生了。我的大多数同事都是记者，他们进进出出，忙里忙外，采访警察，去校董会议访问……我周围都是男人，而且多是年长的男人。那个年代，很少有女性担任编辑的职务。我的上司"格兰杰先生"——是的，那时候我们都这样称呼上司——和蔼可亲、彬彬有礼，待我如父亲一般。但并非所有男人都这样。在 20 世纪 70 年代初，纽黑文市的犯罪率很高，所以男人们坚持认为，如果一个女人工作到很晚——比如我这样的——作为男性的他们理应陪着走一段，直至我们走进自己的车。

一天晚上，我和一个年长的男同事一起往电梯走。

进了电梯，门关上了。他看着我，咧嘴笑道："我现在就能强奸你。"

他笑着，我能看见眼镜后面他的双眼笑得眯成了缝。

我想当时我大概回了个相当勉强的笑。

但当时的我并不认为这是个有趣的玩笑。不到一年后，纽黑文市两家报社大约20名女性员工联合起诉了自己的工作单位，但诉讼原因是同工不同酬，而非所谓的令人作呕的个人行为。那时候，甚至还没有一个词能用来形容我们现在所谓的"性骚扰"。直至1979年凯瑟琳·麦金农（Catharine Mackinnon）的作品《职场女性的性骚扰问题》（*Sex Harassment of Working Women*）明确提出这一概念，人们才开始注意到，因性别不同而伤害他人是违法的。遭受不公平待遇时所感受到的情绪促使女性奋起诉讼，但我们对歧视行为的判定很大程度上还是基于工资水平的差异。我发现，和我一样的人——20出头、大学毕业、担任文稿编辑职务——如果是个男的，那他的工资就会比我高出20%。至今，我仍然深切怀念当年那次集体诉讼案中的女性，以及帮助过我们的男性。无论走到哪里，无论做什么工作，与同僚们保持统一战线都是很重要的。

正如《好女孩的起义：〈新闻周刊〉女性员工起诉上司、改变工作环境的抗争》（*The Good Girls Revolt: How the Women of Newsweek Sued their Bosses and Changed the Workplace*，2012）一书所描述的那样："虽然我一直在反抗针对女性的不公，虽然我一直在夸耀那个时代女性特有的短裙、长发和性自由，但我是个彻头彻尾的'好女孩'。"后来我发现，去上班变成了一件困难的事，我不愿看到格兰杰先生那副受伤的表情。他欣赏我，我却转过身去控诉制造不公的男性。与此同时，受到诉讼的鼓舞，我们开始组织工会。丹·柯林斯（Dan Collins）是组织者之一，他是《橙县纪事报》（*Orange County Register*）的记者，而我当时就职于《信使日报》（*Journal-Courier*）。我们在丹和他妻子盖尔的公寓里组织了许多次会议。一次会议后，一个黑发飘飘、皮肤白皙的漂亮女人走了进来，手里拿着一根薄荷香烟，她说她在哈特福德市办了一家小型新闻机构，想找个人和她一起干。那就是盖尔。当时的我对她一无所知，但我跳了起来，说我愿意。我知道，由于我的抗争行动，我的老板们很讨厌我。因为要在工会投票前离开，我感到内疚，但如果错失这次机会，我可能再也没法逃离这个地方了。

我和盖尔在哈特福德待了两年，就我们两个人。盖尔拥有政治学硕士学位，她结婚很早，这与我认识的所有人都不同。为康涅狄格州的几家报社短暂工作过一段时间之后，她开始了自己的事业，为哈特福德那些规模较小、雇不起全职通讯记者的报社服务，做政事报道。我们有大约30家客户，每周至少要为所有客户写一篇文章——通常要好几篇——文章内容通常是：即将出台的法律将对人们产生怎样的影响。我们坐在州政府大楼五楼的破旧办公桌前，从早上8点一直工作到夜里10点或11点。要采访立法委员、去旁听听证会、撰写文章，还要编辑文稿。从大学到现在这么久，我第一次爱上了新闻业。倘若盖尔不是一个非常有趣的人，她那毫不松懈的甚至有些残忍的生活和工作方式会让人吃不消。她从不气馁，也从不疲倦。她是我遇到过的最好的上司之一，我们也成了一生的朋友。永远不要低估朋友对你的影响。如果你选择和那些经常看电视、懒惰又古怪的人为伍，你可能也会染上他们的陋习。盖尔远比我有野心，也更有先见之明，我确信，她的优秀品质影响了我，让我的生活更有目标，也更有激情。

盖尔对我的稿件编校得迅速而巧妙，她从不带入个人情感去评判，永远都抱着写出好文章的目的去处理。最重要的永远都是文章。那份工作让我认识到，我可以不停地写，写，写。我可以长时间地工作，早上7点起床后继续工作，而且乐在其中。我也没有四处比较，不会去看同龄人现在成长得多快，赚了多少钱，满脑子都是州政府大楼里每天发生的事情、立法意味着什么、谁在投票、怎么投票、为什么投票。我深深着迷于政府事务的各种细节。

每天早上，我都会带着煮好的燕麦片和几包生西蓝花到大楼里，这样我就不用浪费时间出去找东西吃了。我们是互联网时代以前的写作者，不停地炮制着各种各样的故事，坐在公共卫生与安全委员会办公室外面的办公桌前，烟不离手。那时候抽烟的人很多，而且就在室内抽。我们的办公桌旁是一些做广播电台的家伙。我一直觉得，我们被"驱逐"到顶楼，远离主新闻中心，这塑造了我们对待新闻的不同视角。我们不是"那群人"中的一员。

两次立法会议过去了，对我们来说，是时候做出改变了。盖尔是一个十分喜欢挑战新事物的人。如果我决定留下来，她可能会失望。她帮我在《纽黑文倡导者》（*New Haven Advocate*）找到了一份编辑工作，这是一份关于文艺与时事的周刊。那时候，这种报刊被称作"另类的报纸"。长久以来，我和盖尔都在互相帮助。找到亦师亦友的伙伴太重要了。这样的寻找甚至可以在二十出头的时候开始，直至你渐渐发展出一个专业的人脉圈，帮助你应对职业生涯中的起起落落。

一年后，我决定离开《纽黑文倡导者》，在《康涅狄格》（*Connecticut*）杂志找到一份编辑与写作的工作。又过了一年，快30岁的时候，我觉得自己已经做好了准备——搬到纽约去。自小开始，这个地方就吸引着我，但也让我恐惧。现在，它似乎不再像曾经那般令人生畏，我知道，搬去纽约是我人生中合乎逻辑的下一步。

随即，写小说的念头又冒了出来，但我已经无法，或者说，不愿意去争取那样的人生转型了。那样一条路似乎太难，也太孤独。我想在新闻界证明自己。那些令人痛苦的失败经历，总是会不时浮现在脑海之中，敦促我独自前进。我想让那些曾经拒绝过我的人知道他们之前犯的错误。《纽约时报》(*The New York Times*)的高级编辑就曾给过我一次沉重的打击。在我进行了为期一周的试稿后，他告诉我，我永远不可能进入一家大都市报社。纽黑文市的一位总编也曾轻蔑地说，他在一个房间里走一圈，就能看出来谁适合做这份工作——当然，他所谓的"适合"并不包括我。我现在仍然能回忆起当时的愤怒。他怎么知道我做不到呢？在我们首次针对就业歧视进行申诉过去多年之后，我再次作为证人出庭，向当时的公司抗辩，这让我觉得很开心，因为那位总编就坐在听众席。我们打赢了官司。尽管获得的工资补偿在付完律师费后所剩无几，但这场官司支撑我在之后做了一阵子自由职业者，还付了我的房租——虽然那间公寓里有上百只蟑螂，还有个偷了我所有珠宝的公寓管理员。

很快，我在美联社广播（AP Radio）找到了一份简讯写作的工作，工作时间从午夜到早上8点。在那里，我一页接一页读新闻，然后将那些最重大的报道——不管有多长——变成三句话一条的简讯。从某些方面来说，这份工作有些糟糕，让我脱离了正常的社交生活。我在白天睡觉，有时还会在早上8点30分工作结束后来几杯啤酒。坐地铁的时候，本来坐在我旁边的人会立马离我远远的，这样的事情发生了不止一次。但对我来说，这份工作很刺激。这是我在纽约的第一步，我也在阅读和提炼新闻的过程中学到了很多东西，找回了年少时写肖茨夫人布置的作业时的感觉。如果你能发掘出哪怕一项对你日后有帮助的技能，这份工作便是有价值的。

不到一年后，我得到了《华尔街日报》(*The Wall Street Journal*)的一个编辑职务的面试机会。经历了《纽约时报》的试用失败后，我根本不认为自己能够在《华尔街日报》应聘成功。我在伯克利分校上过的唯一一门与经济学相关的课程是"资本主义批判与社会主义愿景"。但这一次，我通过了应聘，成功加入了《华尔街日报》。这次经历告诉我：必须坚持，即便有可能失败。当然，似乎有些人运气很好，他们可以轻而易举地从一份好工作换到另一份好工作。但我不是那种人。我觉得自己似乎是父辈所说的那种"大器晚成者"。但我知道，最幸福的人永远都是那些不懈努力、勇于冒险的人。我不知道自己在面对可能发生的失败时为何会如此坦然，或许因为我是家里那个被忽视的"老二"，上头有个耀眼的哥哥，下面有个惹人怜爱的弟弟。也有可能出于别的原因。但我如释重负，开心极了。

我进了《华尔街日报》，担任编辑一职，必要的时候，还得为我们当时称之为"第二前线"的新闻特写版块重写文章。那份工作给了我勇气，让我终于认识到自己的价值，因为我很快发现，纽约这家顶级报社里的一些编辑写作能力并不比我好。那个来自宾夕法尼亚州达拉斯镇的害羞女孩渐渐离我远去。我壮着胆子问我的上司，我能不能当记者。他解释说，我是以编辑身份入职的，这样的职务变动不常见。但我还是想写，我必须写，然后他给了我一丝希望，说如果我愿意自己做些报道，或许有机会。

我开始利用下班后的个人时间做一篇关于约翰·沃特斯（John Waters）的报道，他是一位电影制片人，因恶趣味电影而名声大噪。

《华尔街日报》有一个叫"A Hed"的版块,会刊登一些古怪、有趣的报道,比如宠物通灵术、成功学或脏辫流行趋势,我将视线锁定在了这里。这篇报道花费了我好几周的时间。我看了他所有的电影,读了所有关于他的文字信息,我不停地写,推翻再重写。最后,这篇报道终于出现在《华尔街日报》的头版。那时我32岁。

再没有人会因为我只在小镇报社工作过而瞧不上我。肖茨夫人说得对,我会成为一名作家。现在,我实现了这个愿望。

第二章　成为编辑

那篇署了我名字的报道让我欣喜若狂,但我还是得回归正轨,每天从上午10点工作到下午6点,编辑别人写的文章。这是日常工作,我喜欢这样的工作吗?我不确定。我会成为作家吗?也不确定。正如约翰·麦克菲在《写作这门手艺》中明确指出的那样,写作是一种折磨,尤其是写第一稿的时候。

如果你有拖延症,或写得很糟糕,又坚定信念想要写作,那我只能说,这样的人有很多。尽管痛苦,但写作是一件很有意义的事情。作家是很有魅力的一群人。作者会因作品优秀获得称赞,但编辑的工作和努力基本不会被看到,不会有人说:"哦,在我的编辑发掘到它之前,它一文不值。"优秀的编辑很难得,但还是要努力去寻找能够给予你有价值的反馈的人,对写作来说,这很重要,正如我们都需要一个能引导我们进步的良师。无论是写作还是编辑,都有说不完的门道。

尽管写作吸引着我,但对我来说,编辑工作似乎比做报道更容易些,好的编辑岗位竞争也没那么激烈。希望你清楚,没有天上掉馅儿饼的事,幸运总是与你的付出息息相关。我并非天生就是编辑。

想成为优秀的编辑,就得保持阅读和写作的习惯,同时也需要老师带你上道。《华尔街日报》的弗雷德·齐默尔曼（Fred Zimerman）是我编辑之路上遇到的最好的老师,他对我们编辑的工作要求很高,要求文章既精巧,又要好读。我们不得不重新解构复杂的概念,直到它们易于理解,而又不至于被曲解。我们重写了一遍又一遍,时刻关注着一个词语表,里面是弗雷德永远不想看到的词——陈词滥调或毫无意义的胡言乱语。

> 金融领域的专家在经济学类文章里可能会这样写：
>
> 随着过去一年里全球性的经济复苏和全球经济的同步增长,许多人认为,全球经济正在朝正常化发展,美国将带头走出结构性经济萧条。
>
> 财经版编辑可能会做出这样的修改：
>
> 许多人认为,以美国为首的全球经济正蓬勃发展,我们已经从2008年以来的经济衰退中复苏。

我害怕惹弗雷德不高兴。他没有给过我任何信心。面试的时候,他说他也不确定我是否能胜任这份工作,但他会让我试试,如果我做得不好,那就走人。我会感到畏惧一点都不奇怪,但我也在观察和学习。我每改完一篇报道，他都会再检查一遍，修正一切不合理的地方，删掉艰涩的术语和滥用的词句——修改一切他认为违反正常说话习惯的词句。受弗雷德影响，我至今仍然抵触将 grow（生长）用作及物动词，也抵触明明可以用 used（利用）的时候使用 utilized（利用）。不管写什么，我都会尽可能避免累赘和艰涩的词语。最近我读到一篇文章，说东村一家酒吧的老板扬言，如果客人中有人说 literally（真的）这个词，将会被赶出酒吧。这让我想起了弗雷德。显然，这位老板已经受够了这个词。

> 警惕以下商业术语：
> end user（终端用户）　　　pivot（核心）
> win-win（双赢）　　　　　curate（策划）
> verticals（垂直营销）　　　drill down（展开细目）
> thought leaders（思想领袖）　incentivize（激励）
> scalable（可扩缩性）　　　core competency（核心胜
> synergize（综效）　　　　任力）
> disrupt（颠覆）

《华尔街日报》的记者工作都很拼，但在写作中，认为读者对行业很了解导致文章里有太多术语的情况也不在少数。商业报道是一项困难的工作。企业高管的采访稿、官方发布的材料和新闻中，总是充斥着意在掩盖事实的字眼。公司很少会对记者说他们解雇员工、蒙受经济损失、被发现谎报数据甚至因卑鄙行径被起诉等事。

> 下面这些词被用得太多了，少用些，有好处：
>
> monetize（获利）
> optimize（优化）
> impactful（有效的）
> paradigm（范例）
> bandwidth（带宽）
> mandate（指令）
>
> compelling（引人注目的）
> momentum（势头）
> innovate（创新）
> dynamic（动态的）
> literally（说真的）
> influencer（有影响力的人）

我们做编辑的对删减术语很热衷，我们想让复杂的商业、金融概念更易于理解，这样一来，读者不必费力就能读完报道。作为编辑，我们还要确保文章的紧凑感，这并非出于某些抽象的原因，比如我们主观上觉得好，而是因为我们知道，阅读商业文章的读者目的很明确，就是想迅速而有效率地获得信息。在《华尔街日报》，我懂得了理解读者的意义。毕竟，那些企业高管分秒必争无暇他顾，而我们是二读把关之人。如果我们没能证明自己的价值，读者可能会投向其他报纸的怀抱。

我喜欢和记者们共事，喜欢在他们的文字上"动刀子"，但我也怀念邂逅陌生人，向他们提问、深入他们生活细节的那些经历。当然，我也渴望在报道上署名、被人知晓。所以，我一边做本职工作，一边继续写报道。做了三年编辑后，我终于成为《华尔街日报》的记者，做关于饮食和烟酒的报道，这些报道相对来说比较适合对经济领域没那么了解的读者。这份工作很适合我。三年后，我开始在《纽约时报》做饮食主题的报道。

也许我天生就不是个安分的人。即便得到了一份梦寐以求的工作——采访和撰写关于饮食、厨师的文章，能够参加品酒会，参观高档餐厅——我最后还是回到了编辑岗位。如果做编辑对你来说是命中注定的，那或许是因为你是个很享受将事情变得清晰简洁，同时又不歪曲原作者本意的人。这很有趣。而我就是这样的一个人。

在《纽约时报》做饮食报道的时候，我发现了自己真正擅长的东西。每个编辑都会改动所负责的稿件。如果某家网站或出版单位来了个新编辑，我总是能马上发现，因为新编辑的个人兴趣或偏好总是会反映在其负责的稿件上，即便大多数编辑会让自己藏在背后，而非像作者那样站在人前。我对社会学和营养学感兴趣，我的文章也会反映出这种偏好。在我任职期间，读者从我这里获得了很多关于饮食习惯和健康饮食研究的报道。《纽约时报》也有对厨师和食谱更感兴趣的饮食类编辑。这些都是可行的方向。

后来，在编辑工作之外，我还成为一名管理者。我努力让自己不像我曾经的坏上司那样行事，我从他们身上学到了很重要的一课：要果断，但不能专断。如果一个上司无法或不愿意解释自己到底想要什么，那是最糟糕不过的。还有一些上司，永远等着员工自己分辨该什么时候采取行动、开展项目，甚至因一时兴起或自己能力不够，强迫员工执行糟糕的决策，而且从不理会他人的意见。如果你正因一个糟糕的上司而束手束脚，那么你必须对工作抱有极大的热情才能克服困难，在逼迫自己不断取得成果的同时，还要让你的上司满意。这样的处境太难了。如果你的上司不能帮助你进步、让你学到更多，那么最好的选择或许是找一份新的工作。

我喜欢当主管。随着时间的推移，我越来越发现，自己对编辑工作的热爱胜过了写作。写作很痛苦，尤其是涉及事实的时候。写报道时，我总是会担心自己写的东西有错误，没完没了地担心。这种状态很可能从大学时期就开始了，那时候我就已经看到，即便是优秀的记者，也有可能歪曲事实。了解这一行的人都懂。有时候，即便我检查了每一个字，也还是会担心出错。

编辑工作则轻松许多，让我找到了童年时读书的那种快乐。爸爸和哥哥、弟弟打桥牌的时候，我多半会坐在角落里的椅子上看书。看到继母做填字游戏时，我会感到困惑。桥牌和填字游戏我都试过，但就是找不到其中的乐趣。或许，对现在的我来说，编辑工作就是属于我的桥牌或填字游戏，这份工作很有趣，却又不像做记者那样，要面临那么多风险。

至少在被任命为《纽约时报》社会评论部负责人之前，我是这么认为的。

第三章　管理社论部

那晚我失眠了。

我有一篇署名弗拉基米尔·普京（Vladimir Putin）的文章即将发表。我担心这篇文章不是来源于普京本人，担心这是一场骗局，担心自己会因此招致公众的羞辱，甚至被解雇。小时候，我常常幻想自己写的小说获奖，而长大以后，这样的白日梦更像是噩梦。我太容易担心。我担心自己的狗被汽车撞死，担心女儿在空旷的街道上被人袭击。此刻，我想象着这篇可能是个骗局的爆炸性文章会成为第二天的八卦和高客网①的头条，从而断送我的职业生涯。

我焦躁而又清醒，丈夫睡觉的时候，我在漆黑的卧室里呆呆地刷新着电子邮件，重新回顾了这一天：我收到一封邮件，发件人是一位我从未谋面的公关专员，他说他在布鲁塞尔的一家大型国际公司工作，说自己是俄罗斯元首的代表，有一篇新闻情报要提供。普京！他从未向美国的媒体供过稿。我说："好的，我看看。"

---

① Gawker，追溯纽约媒体圈新闻来源及真实性的网站，已于2016年关闭。

> 我偏爱简短的开头——尤其是整个第一段只有一句话的开头。这样更易于勾起读者的兴趣。可以稍微偏离常规一些，出人意料一些，这样一来，读者会想继续读下去。

大约一个小时后，他发来一篇稿件。我很喜欢，尽管其中的一些观点我可能并不完全认同。与我们的首席事实核查专员协商之后，我提出对一些措辞进行修改，以避免第二天新闻发布后被"不对！"的抱怨声淹没。

普京的"代表"声称，俄罗斯领导人亲自写了这篇文章，确认了每一个字，他无权同意做任何更改。这是真的吗？世界上如此强大、令人畏惧的男人，会躺在他宅邸中的沙发上，用笔记本电脑费力地写一篇社论文章？由于这位代表无法做决定，还有时差的关系，意味着编辑工作无法快速推进。每次我提出修改意见——即便是细微到去掉一个 a 或 the，都会收到一封简短的回信：我得向克里姆林宫反馈。

我想和普京本人聊聊。高中时期，我沉迷于俄罗斯小说，大学时还学了俄语，对世界那端一直保持着浓厚的兴趣。但遗憾的是，直至晚上 9 点截稿前，我只和他的那位"代表"通了邮件。

这位公关专员建议我联系一些人，他们可以证实这篇文章的真实性，但我没有联系。我的上司安迪·罗森塔尔（Andy Rosenthal）在莫斯科做过通讯员，他曾接到过《纽约时报》一位驻俄记者的来电，对方告诉他，普京想提交一篇文章。这样的理由似乎足够可信。但这次，给无法确定身份的陌生人打电话，好像无法辨别事情的真伪。

> 在考虑一篇文章的逻辑、结构和拼写是否正确之前,编辑应该首先对其真实性、可靠性进行判断。
>
> - 识别提供信息者的身份。判断文章作者与提供信息者是否存在联系。
> - 判断作者是否认识提供信息者提及的人。
> - 确认作者是否与文章中提及的团体存在可能的利益冲突,确认该团体中是否有与作者相关的员工。
> - 亲自向作者确认,以确保发布新闻之前没有任何可能存在的疑虑。

那个不眠之夜似乎没有尽头,我依然在努力说服自己,我已经得到了足够多的证实那篇文章真实性的证据。可即便如此,我还是担心,觉得自己应该再谨慎些。为了消除自己的忧虑,我决定在纽约时间凌晨 3 点采取行动,因为这是我们回复香港分社的最佳时间。再说了,在这种情况下,在我的事业正"摇摇欲坠"之时,我怎么可能安心休息,哪怕房间里有一个熟睡的男人和一只打呼噜的狗。

那是特别可怕的一天,而我的职业生涯中有许多这样的一天。新闻工作是很残酷的。根据调查,大部分人都说自己不信任、不喜欢记者。在这行工作了几十年后,我仍然不理解,为什么有的人觉得如果自己是记者,就能做得比我们更好。

这行也很累人。你总是会在截稿日期前挣扎。会被上司、读者、媒体评论员或专栏作家批评。你总是会失去很多。记者不仅需要大学文凭，还需要娴熟的采访、写作和分析能力，但在美国，记者的平均年薪很低，仅有5.2万美元。当然，像《纽约时报》这种大都市报社的记者，收入能达到平均薪资的两倍以上，但他们只是行业里的一小部分。

和许多工作一样，我得到社论编辑这份工作也是机缘巧合。当时我听说，戴维·希普利（David Shipley）辞职了，打算去"彭博社"（Bloomberg）供职，他离开后，职位有了空缺。那时候我已经有了一份很喜欢的工作，能作为特写版块的编辑登上编辑室的报头，我还是很开心的。不过，尽管我当时的工作听起来很重要，但我自己并不这样认为。如果我请两周假，工作仍能够照常进行。我不仅想做个管理者，想决定哪些文章能出现在报纸和网站上，还想对文章进行编辑。所以，我给安迪·罗森塔尔写了封邮件，问他："对我来说，申请这份工作可行吗？"我不能高兴得太早，我想知道，他是否也打算面试来自《纽约客》（The New Yorker）或《大西洋月刊》（The Atlantic）的人。他立刻回复："当然。来跟我聊聊吧。"

如果事关重大，我们所有人在面试前都会紧张。但让自己冷静下来的方法也是有的。对一些事实做出充分的准备，你便有了说服力，能表明你就是这份工作的合适人选。这样一来，就很容易放松了。

面试的前几天，我读了很多社论文章，然后去13楼见了安迪。安迪头发乱蓬蓬的，胡子参差不齐，穿着一件塔吉特牌衬衫，显然，他对品牌和穿衣风格漠不关心，我也因此放松了不少。他的办公室在一个角落，顺着西面的窗户往外看，能看到他住处的所在地——新泽西，他以住在那里为荣。我在灰色沙发上坐下。接下来的五年里，我将会在这个沙发上度过大部分时间。

那是一次轻松有趣的谈话。安迪敏捷、幽默，也很聪明，我感觉自己在跟一个很久没见的老朋友聊天。隔天一早，我给他写了封长信，阐述了我的一些选题构思，解释了我为什么是这份工作的合适人选。当你遇到一个你想影响的人时，记得写一封感谢信，感谢对方花时间和你谈话，以邮件的方式与对方展开进一步交谈。

安迪给了我这份工作，我本该兴奋，但我几乎说不出话，因为从"新闻"到"观点"的跨越似乎太大了。在与亲密的朋友（也是同事）聊了几个小时后，我决定接受这个挑战。安迪让我相信，我身上有他需要的素质：能够轻松地共事，在新闻领域经验丰富、涉猎广泛，以及拥有令普通读者敬而远之的书呆子特质。

新工作的第一天我就意识到，我其实无法完成从"新闻"到"观点"的飞越。我究竟为什么会认为这行得通？有人要向我寻求指示，那我当然要假装自己很在行。我知道，这些员工很仰慕之前的那位上司。我的上一任并非碌碌无为之辈，相反，他是个成功的、受人爱戴的编辑。至少，我不能让员工们看出自己的紧张和胆怯。但我真的不知道该怎么做。是的，我真的不知道。自高中开始做记者起，我一直认为自己在努力做到公平公正。突然，我被委以寻找观点的重任，尽管如此，我并不想发表自己的观点，也不知道一个好的观点究竟应该是什么样子。

《纽约时报》以及其他媒体机构，有许多种新闻呈现方式，比如文字、图片以及影像，但当这一切被贴上"新闻"的标签之后，就有了呈现所发生的事件并将不同的重要信息进行整合、有效利用的义务。社论文章的目的就是提出强有力的观点，而无须顾及其他不同的观点。我从未写过这样的文章，也从未想过一篇成功的社论文章应该是什么样子。

> 新闻机构有多种报道新闻的形式——故事、概要、特写、图表、影像、广播以及新闻解读。尽管方式不同，但都应该遵照报道的意义，呈现出事件的面貌。一篇报道可能会说一座桥倒塌导致 20 人死亡，有人将责任推到市长身上；与此同时，也有人认为这座桥的问题早就存在了。
>
> 社论文章不同于新闻报道，其所阐述的事实必须经得起推敲，但并不需要寻求平衡，可以在观点之间有所倾斜。社论文章还会给出结论或解决方案，比如那座桥的倒塌是因为政府无能，解决方式是投票罢免市长，然后成立一个专门的机构修复基础设施。

但我学得很快，我手下的员工就是我的老师，对此，我别无选择。他们是一群了不起的人，以严谨的精神不懈地剖析着文章，发掘其中蕴含的思想。有的上司不承认自己经常向手下学习。但以我为例，我的一些手下比我年轻许多，工作经历也比我的有意义得多，我之所以能留下来并且迅速成长，仅仅是因为我学习、吸纳了他们各种各样的思考方法和编辑风格。时间一天一天过去，通过阅读员工发到我们内部邮箱"Op 讨论"里的邮件，我逐渐明白了该如何评估他们的潜在能力。

从年轻的助理到经验丰富的副主编，社论部门里的每一个人都可以往这个邮箱里发内容，每个人都可以插话，表达自己的想法。要开这个选题吗？不开吗？要做一些修正吗？我只知道，那些邮件对我来说是无价的。看员工们的讨论时，我回忆起高中和大学时期学到的关于"辩论"的知识。

我在伯克利课堂上学到的辩论方法更接近于如今讨论社论文章的方法，这与倒金字塔式的每日新闻报道，或占据了我漫长职业生涯的缓慢的、轶事式的新闻特写都有不同。尽管编辑们的观点不尽相同，但他们会拧成一股绳，只为了在每一个问题上进行最具创造性的思考。他们的回答诙谐、机敏，让我学会了如何识别一篇文章的逻辑漏洞，这样的方法适用于我们纸质专栏上800字的传统文章，也适用于线上版块那些篇幅较长、不太传统的文章。我们的线上版块以哲学和内战等主题的系列文章为特色。

这份工作开始后不久，我就在卡梅尔·麦考布雷（Carmel Mcloubrey）那里上了一堂意义非凡的社论写作课。她是终审编辑，所有文章的最后一位读者。她听说我和另一位编辑正在就邀请一位作家写专栏的利弊进行争论，而我们的讨论毫无重点，对此，她似乎有些恼火。她站起身，有些生气地说："要么是出人意料的想法，要么是出人意料的作者。如果都不是，那就别费心了。"

然后她坐下了。她一语中的，解释了社论编辑要寻找的到底是什么。

无论你是在上学还是在工作，都要向周围的人学习。思考和编辑的方法各种各样，所有人身上都有你能学到的优点。向你那些最聪明、最有创造力的朋友、同事学习吧。

我倾向于快速阅读和编辑。我告诉自己，我的风格适合那些忙碌的读者。因为我本身就是个喜欢快速阅读的人。我的老师曾在我的成绩单上写，我读得太快，如果一直这样下去，我会不记得自己都读了什么。她说得对！大多数读过的东西我都不记得了。但这是我的风格。针对作家们的文章，我能够迅速给出答复，我的直觉会告诉我哪些段落应该在前面，哪些应该在后面，该做哪些补充。我编辑得很快，我手下的所有编辑都知道，如果想在截稿前 5 分钟给一篇长文砍掉 500 个字，找我准没错。

不断巩固你的优点，在此之上有所建树，但也要克服自己的弱点，向那些与你不同的人学习。亚伦·雷蒂卡（Aaron Retica）的编辑风格与我截然相反。亚伦是我从《时代》杂志（*The Times Magazine*）挖来的，他是《时代》事实核查部门的主管，也做报道和编辑工作。他思想深邃，我远不能及。对于编辑工作，他总是慎之又慎，缓慢从容，他会针对文章结构、语言风格等方面详细回复作者。他很少修改作者的字句，而是会直接要求对方重写，直至他满意为止。亚伦会花很长时间审稿，直至稿件完美无瑕才发表。我曾在报业工作，报纸是看重速度的，而亚伦的杂志工作经验则要求他更为审慎地思考文章的节奏和结构。

所以，不要排斥不同的工作风格，而是应该从中学习。一个人很容易认为别人不如自己，如果你也这样认为，那你就失去了一个提升自己的机会。工作背景和视角会影响一个人的工作风格。亚伦在曼哈顿长大，曾在耶鲁大学就读，父母是工薪阶层的意大利人和底层犹太人，这一切影响、塑造了他的思想，正如我的家乡小镇那典型的白人教育影响了我的思考和行为方式一般。不妨寻找那些能提出不同观点、让你变得圆融的人。

渐渐地，我将自己最大的优势——对不同类型人的亲和力和对评估不同的人喜欢阅读什么的能力——与自己不太熟悉的社论文章写作融合在一起，从某种程度上说，这延伸了我对写作的定义，也开阔了我的眼界。我想讨好读者吗？当然。但从一开始当编辑起，我发表的都是自己看得进去的文章。我不了解别的工作方式。你不能按他人所想的方式前进，因为他们不是你，你最清楚自己的工作是什么。

如果你想成为一名编辑，你需要广泛地阅读。只有这样，你才能识别出一篇文章的本意。阅读还有另一个好处：吸收和理解不同的写作风格，从而引导作者找到他们自己的风格。

最后，尽管十分艰难，甚至有些难以克服，花费了我大量时间和精力去学习和适应，但我还是很开心自己接受了这份工作。对大多数人而言，新工作的开始都不容易，所以，不要在新工作的第一天、第一周、第一个月匆忙做出决定。那位神似泰迪熊的安迪，是我乐于坚持这份工作的主要原因。他反应敏捷、风趣幽默，给我讲了他在莫斯科的生活和工作，以及他在华盛顿那几年的经历。他有一种天赋：平日里不会干扰员工的工作，却能在员工需要的时候给予支持。另外，他也不怎么遵从权威或传统智慧，他拒绝随波逐流，认为独具匠心更有价值。他也欣赏别人身上的这种品质，作为一个上司，他能做到这点很难得。我从不觉得他让我做意料之外的事情是在难为我。在与某位作家探讨一些稀奇古怪的想法之前，我从不提前征求他的意见。

安迪身上还有另一个罕见的品质：他真的很欣赏女性员工。对他来说，这与平权运动和多元化经济效益理论无关。在此之前，我的工作环境都很传统，从没有像现在的单位这样有这么多女性员工。之前我想雇用一位来自《卫报》（*The Guardian*）的社论编辑，在不是很了解对方的前提下，安迪提出了反对意见，我觉得大概率是因为对方要求的薪水太高。但似乎还有别的原因。

"安迪，你得克服自己对男性的厌恶，"我说，"他没有错。"

他挑了挑眉毛，说："我们的男性员工已经够多了。"

他说得对。尽管部门里已经有很多女性员工了，但在核心编辑团队中，有决定权的男性仍然远多于女性，女人仍然要听从男人的差使。不管来自什么背景，男人和女人总是能从不同的角度带来观点，就像不同种族、不同地区、不同社会阶层的人能带来不同的观点一样。我认同安迪的看法。不过，在我面试的所有女性职员中，确实没有人比《卫报》的那位男编辑优秀。我确实也想要多元化的观点，但整个部门现在急需产出大量的内容，这让我很担心。

"我们需要这样的人，"我告诉安迪，"他经验丰富，手快，也聪明。我们的许多编辑都太年轻了。他能起到平衡的作用。"最后，我占了上风，但条件是同意不削减另一个空缺职位的薪水，这个职位大概率会留给一个年轻人。

无论存在什么分歧，我和安迪都会以幽默的方式化解。我知道，安迪总是会支持我。来到这个部门的时候我就知道，将自己陷入四面楚歌的境地意味着什么。但凡发生这种事，我只要透过窗户看看《纽约时报》外面"美国中东报道准确性委员会"张贴的"抗议针对以色列的偏见"的巨幅广告就能明白了。安迪给我的那种支持，是我的工作生活中前所未有的，这样的好上司很难得。

但安迪的支持也并非毫无原则。如果普京的那篇报道是假的，我就没有转圜的余地了。

那天晚上，我紧张得精疲力竭，最后终于睡着，第二天却睡过头了。睁开眼，我马上抓起手机，发现是早上9点左右。我战战兢兢地打开电子邮件，我知道，如果那篇报道有问题，那现在一切都会明了。

高客网上没有报道。也没有愤怒的邮件。没有问题。

新的一天又开始了。

第四章　与名人打交道

大多数时候，名人都很麻烦。

政客们或许会做出口头承诺，但永远不会真正落实，也不会多做解释。而名人们从来不愿意写实实在在的东西。

你可能会想，他们花了那么多钱雇用公关专家，他们的作品会以完美的面貌呈现吧，但往往并非如此。在论证的过程中，名人的稿子与普通人的稿子一样存在问题。但区别在于，他们能够"一步登天"。他们的稿子从来没被搁置、遗忘过。

名人们一开始往往会与我的上司安迪·罗森塔尔或发行人亚瑟·苏兹贝格（Arthur Sulzberger）取得联系。安迪和亚瑟几乎总是说决定权在我，但我知道，他们必须为我所做的一切决定负责。他们从不会强迫我做任何我不想做的选题。

有一次，一位名人发来稿件，我的一位编辑评论说："太普通了。要它干吗？就为了这个署名吗？"所以，如果你的文章很普通，而你又不是个名人，那就无法从堆积如山的投稿中脱颖而出。

我们决定拒绝那份投稿，安迪说："如果这篇文章之后在《邮报》（*Post*）或《华尔街日报》（*The Wall Street Journal*）刊载了，我可就有得受了。"接下来的一周，又来了一份平平无奇的名人投稿。我仍然拒绝了，这意味着安迪还要为我的决定买一次单，但也让我又一次明白，他是个好上司。他从来没有让我接手那些不合格的文章，还会将这种事以幽默的方式化解——如果是拒绝名人投稿这种事，他会这样回邮件给我："（沉重地叹气。）如果我们腰缠万贯，就不用面对这些破问题了。"

有些名人还不允许我们改动稿件。他们更愿意在对稿件不那么苛刻，或不违背他们本意的地方发表文章。"我们会发表这篇文章，但需要重写。以下是我们列出的几个问题……"这样的邮件名人是不大乐意理会的。实际上，从来没有名人回复过这样的邮件，他们宁愿换一家。对此，我并无责备之意。如果我对文章的态度仅仅基于作者的身份，我也会降低标准，但这么做会损害《纽约时报》的内容质量。我不想让读者失望，不想让他们看到肤浅、刻意迎合的内容。读者通常不会因为一篇文章放弃订阅，但如果稿件质量整体下降，最终一定会有人放弃订阅。

名人们常常会陷入一种误区，认为自己什么都能写，而且所写的一定能够得到发表。或许经纪人曾这样告诉他们，他们的名字就已经足够值钱了，但这并不对。不管什么身份和出身，想要发表文章，你的文章就得有观点、令人惊艳。

我记得自己曾拒过 U2 主唱波诺（Bono）的一篇文章。波诺之前曾以撰稿人身份写过一系列广受好评的专栏。9 月的一天，他的公关发邮件给我的上司，说想聊聊。好吧，他们总是想"聊聊"。安迪把对方引荐给我，与往常一样，我避开了电话交谈，只是让对方发文章给我，随后我把文章分享给了编辑们。有人觉得，私下接触会对事情有帮助，但许多编辑不愿意这么做，因为打电话需要时间，而且最后也不一定是促使事情成功的原因。我发现，只有当作者们成为编辑部的常客之后，编辑才能更好地了解他们。我们的咖啡会议就是专门用来思考优秀文章创意的。能让你成功的是你的作品，而不是你的人脉。

波诺的文章发来后，我发给了编辑们，但没有提前说自己的想法。一位总是彬彬有礼、言简意赅的资深编辑的回应直击要害："这篇文章对非洲困境的描写过于走马观花——而且足足写了 1600 字，不过倒也没什么可惊讶的。如果再简短些、有重点些，可能会好点。"

也有人指出，波诺违反了社论文章写作的一项基本原则：不要去呼吁那些永远不可能发生的事情，比如向非洲捐款数万亿美元。这么写没有意义。还有一位编辑认为，这篇文章会激怒我们的读者，因为他引用了《纽约时报》2005 年一篇文章中的一句话："这个戴着牛仔帽的爱尔兰摇滚明星很富有，他忧心于非洲的发展问题。或许世上有比非洲更值得忧虑的事情，但我此刻还想不到。"

所以，拒绝吧。

一周后，另一位公关人员找上门来，这次是波诺和 Facebook（脸书）首席执行官马克·扎克伯格（Mark Zuckerberg）。才过去了一周，这次难道要一下子拒绝两位名人吗？历史总是惊人的相似，这篇文章编辑们还是不喜欢，认为它"平平无奇""令人不快""自私自利"。但他们承认，这两个人的名字很有噱头，读者也对他们感兴趣。

我决定试一试。这篇文章与扎克伯格即将在联合国做的演讲有关，很有话题性，或许有发表的潜力。又或许只是因为我太懦弱，没能摆脱人情世故——也许我在上一次拒绝时用完了所有的意志力。我给那位公关回了封邮件，说这篇文章需要重写，还给了他一些建议，说了说我觉得怎么写能够更翔实、更能吸引读者，他们得仔细想想自己到底想制造什么样的效果。毕竟，考虑到作者的身份，这篇文章会被其他新闻媒体转载。[不过，也不是非得成为名人，才能写出具有话题性的文章。格雷格·史密斯（Greg Smith）从高盛（Goldmam Sachs）辞职后，针对高盛的公司文化发表了一篇批评性的文章，就曾一石激起千层浪。]

我们以书面形式向波诺和扎克伯格提出要求，希望他们多说一些，而不仅仅局限在谈"人们需要数字接入"。我们提出了疑问，数以亿计的人群甚至没有通电，他们又要怎么办。令我惊讶的是，不久之后，他们就重新提交了一篇稿子，读起来好多了，更加中肯，也具体地回答了我们提出的问题，还删除了那些令人恼火的、含混不清的观点。我们乐于发表这样的文章。即便是名人，也还是要满足我们对文章的基本要求：出人意料、足够具体、有说服力。

成熟作家和小说家的投稿更难处理。我不否认他们很会写，比我们任何一个编辑都会写。但是，能写出畅销非虚构作品或获奖小说并不意味着也能写出成功的社论文章。这完全是两码事。

我记得一个知名小说家曾发来一篇文章，这篇文章经过一些编校之后似乎是可以发表的。我们提出了建议，她通过代理人发回了一篇修改后的版本，比之前要好，但我们仍然不喜欢其中的一些内容，因为太具煽动性了——像电视购物，而且啰唆冗长，没有迅速切中要害。但我们的一位编辑说："如果她同意删掉一些内容，我认为可以发表。"

为了让文章达标的同时不惹恼这位小说家，我们花费了巨大的努力。我们知道，必须小心行事，因为我们确实想发表她的文章。我告诉她的代理人，我们将对她修改后的文稿进行编校，需要将其删减到适合我们版面的长度。我并不觉得自己的举动有何不妥。几天后，她决定转投别处，对此我很惊讶，也很失望。

同样难对付的还有政客。他们会满口答应提供稿件，却不兑现。

有一次，希拉里·克林顿（Hillary Clinton）的公关人员发来一些资料，承诺成稿会很丰满，会为我们的周日版带来轰动效应，这意味着我们要为周日版留出空位。但如果她那篇文章没能顺利发表，空出的版面就会成为棘手的问题。希拉里的公关们嘴巴很紧，不愿透露文章的任何内容，但我们愿意赌。"来吧，"我说，"我们等着。"

我们确实等了。

等啊等。还发了邮件询问。对方说快好了。然后又说再给他们点时间。我们与希拉里的工作人员打交道不是第一次了，正如负责这件事的编辑一开始所说的那样："我们得好好跟他们确认时间，否则'3点前发来'可能会变成6点，然后又会拖到7点45分……好吧，我就是开个玩笑。"

好吧，这种事又发生了。一声不吭。默不作声。什么也没有发来，连句解释也没有。

为什么呢？因为这种文章都是团队努力的结果，即便最后只署一个人的名字。人越多，麻烦就越多。那位焦头烂额的责编仍然愿意与希拉里的工作人员继续合作，他说："我估计咱们8点左右会收到稿件，但对方不会道歉。如果我告诉他们已经截稿，现在太晚了，他们准会气疯。还是等等吧，坚持住，如果这篇文章能在周二发表也挺好。"

通常来说，有权势或有名望的人是不会亲自回邮件的。他们知道，我们对他们的需要胜过他们对我们的需要。然后他们会说，希望自己的文章能换一个日期发表。我们就得再经历一次等待的痛苦，也有可能永远得不到回复，然后有一天又在另一家媒体机构看到这篇文章——未经任何修改。这给了我们足够的教训：如果你胆敢提问题或修改，我们就另谋他处，甚至不会通知你。

就是有人会对我们提出的问题感到恼火，编辑工作因此变得困难重重，我们也会因此而沮丧不已，但我们至少还有彼此。记得有一次，一位知名学者在电话里对一位编辑横加指责，等编辑终于挂了电话，所有人都起立欢呼，为她打气。不要口出恶言，你的尖叫是不会让一个编辑屈服的。

当然，并非所有名人都这样。Facebook 的首席运营官谢丽尔·桑德伯格（Sheryl Sandberg）与我们的固定撰稿人、宾夕法尼亚大学教授亚当·格兰特（Adam Grant）合作，写了一系列关于女性的文章。和亚当共事很愉快，他总是有巧妙的点子，交稿也快，他的朋友谢丽尔也一样。

有时候，我们会对其他人产生完全错误的看法。2011 年春天，我去凯尼恩学院参加女儿的毕业典礼，心里怀着对演讲嘉宾乔纳森·弗兰岑（Jonathan Franzen）的敌意。我从未读过他的小说。我觉得生命太过短暂，何苦浪费时间去阅读一个我认为的"厌女作家"的作品呢。弗兰岑曾拒绝上奥普拉·温弗瑞（Oprah Winfrey）的节目，暗示自己并不在意奥普拉节目里的女性观众，这件事当时闹得尽人皆知。世上有那么多我想读的书，为什么非得花费时间和金钱在一个蔑视我——一个女人——的人身上。

和所有人一样，我也会表现得固执、愚蠢。事实证明，我对他的看法实际上是偏见。他关于科技和自然的演讲十分鼓舞人心，我对他的态度也从"敌人"变成了"粉丝"。回纽约后，我在我们的联系表中找到了弗兰岑的邮箱。我告诉他自己有多喜欢他的演讲，并询问是否可以在我们的专栏里刊登这篇文章。我们不常将演讲稿编辑成文章发表，但我认为他的演讲太精彩了，为他打破常规是值得的。与弗兰岑共事很愉快，他为人一点也不自视优越，稿子也很容易编校。我有些惭愧。我想知道，自己的生命里究竟还有多少被我看走眼的人。

第二部分

你的故事呢?

第五章　找到自己的风格

　　想与公众进行有效的公开交流，你不是非得有名望或有权势。名人的文章确实更容易发表，但也有前提，那就是他们得了解自己想写的故事，还得知道如何写出来。

　　几年前我刚来《纽约时报》做社论编辑的时候，收到了一封尼克·克里斯托弗（Nick Christopher）发来的邮件，他是我们的专栏作家，他告诉我说，他的朋友米娅·法罗（Mia Farrow）的女儿想写一篇文章控诉养父伍迪·艾伦（Woody Allen）对她的性骚扰。尼克曾深入世界上最贫穷、最偏远的角落，以往的文章写的也都是世人经受的苦难，没想到他也有一些名人朋友。我跟他说，可以发来看看。

　　迪兰·法罗（Dylan Farrow）所指控的大部分内容都不是什么劲爆新闻了，但她那篇文章仍然写得让人揪心。而且她的讲述很有力量。我又一次怀疑自己是否能发表她的文字，因为按规矩，事件的另一方未在文章中做出回应。在没有得到伍迪·艾伦的回应之前发表这样一篇指控其犯罪的文章，似乎有失公允。我给上司发了邮件，说我不建议发表。因为没有调查人员或法院向伍迪·艾伦提起过诉讼，发表这样一篇文章可能会让我们面临法律危机。安迪同意我的看法。

所以我告诉尼克，我们不得不拒绝这篇文章，他也通知作者那边了。没过多久，尼克又问我是否可以在他自己的专栏里发表这个故事。我觉得可以。这样便不会引起法律问题了，因为尼克可以在自己的专栏里请伍迪·艾伦本人做出回应。

尼克的专栏立即发表了法罗故事的扩展版本。随后伍迪·艾伦的公关就联系了我，她说，她的委托人打算写一篇文章，本周日发表。

我们对事件发生的时间、地点、需核查的事实以及诸如此类的问题进行了礼貌的讨论。伍迪·艾伦说，他有许多未曾公开的事情要说，还说我必须保证他的文章和尼克专栏里关于迪兰·法罗的文章有同样的篇幅，他才会把文章发给我。我说，好吧，只要他的文章值得那么大的版面。我回了邮件后，没有立即收到他的回复，我当时怀疑艾伦决定把稿子投到别处。难道他的公关有相熟的媒体机构，开出了更好的条件，而且不对文章质量和篇幅加以限制？

于是我又写了封邮件："艾伦先生对此是否做出了回应？很显然，我们很想知道他对这件事的态度。"

我担心公关抛弃了我们，但事实证明，她只是像往常一样忙于工作和生活。因为法罗的那篇文章，这阵子她肯定接了上百个电话。她答应隔天早上发给我。第二天早上一收到文章，我马上就读了。艾伦说，这篇文章是他最后一次就这件事做解释，日后不会再做任何回应。他写得很有力，细节丰富。我说我得让我们的律师看一下，还得进行事实核查。

深入他人家庭矛盾的中心，这种感受很怪异。但如果你是个编辑，你会发现这种事常常发生。某个人写了一篇文章，讲了他和母亲之间的争吵，你帮助他发表了文章，随后你接到了作者母亲打来的电话，她怒吼着，讲述了一个与儿子讲述的完全不同的故事。

我认识的一位编辑，刚入行时被迫陪着一位知名作者吃了一顿漫长的午饭，九杯苏格兰威士忌下肚后，这位作者透露了自己不如意的婚姻的细节，以及性功能障碍的问题。

艾伦是清白的，还是有罪的？我无法分辨。本质上，我只是一个编辑，没有太多观点。我只知道他从未受到起诉，而且他有权为自己发声，毕竟他的指控者也发声了。但我知道，许多读者都会感到愤怒，在他们眼里，我给了一个大众眼里的虐童者自辩的机会。

艾伦知道自己应该传达什么信息。这是弄清楚该怎么写的第一步，也是最重要的一步。他没有写离婚带来的痛苦或家庭不和，也没有提及自己的知名电影作品。他只是就女儿提及的那段经历，提出了自己的看法。

每个人都会了解、感受到或观察到其他人无法知晓的东西。每个人都有自己独特的经历和感受。无论你是18岁还是80岁，是名人还是普通人，你写的东西都是自身感受的投射。很多名人都试过写文章，但都失败了，因为他们根本没弄清楚自己到底想讲的是什么。

我偶尔会当老师，我曾给20多名高中生上过议论文写作课。他们想要讨论对他们来说重要的问题——女权、同性恋身份、以色列。我鼓励他们针对这些问题，对自己私密、独特的经历进行思考。毕竟，高中生在中东和平问题上持怎样的观点，是没有人关心的。但是，如果某位高中生暑假期间和巴基斯坦、以色列的青少年一起参加了夏令营活动，那么他的经历和回顾可能会衍生出一篇值得发表的、有说服力的文章。这位青少年会讲述他自己身上发生的故事，而他的亲身经历是可信的。

对于想要讲述的故事，你必须有一个明确的讲故事的理由，以及这方面的专业知识。不管有没有信心，你都得写得有权威性，有理有据。如果你在某一话题上展示了自己的学识，那一定会有人被你吸引。你无须有博士学位，只要能证明你拥有该话题的经验就好，无论你是一个在克利夫兰为生活打拼的小房东还是一个打算在某一天里不戴希贾布的年轻女人。

利用你的个人经验，提出人们普遍感兴趣的观点。以对话的态度去写作，而不是自说自话。这样一来，你写出的东西才会真实可靠。如果只是列举一些事实，或以"行家"的陈词滥调去写，看起来就会很假。加入了情感和具体的细节——比如那位在克利夫兰为生活打拼的小房东，他说他买了些卡通贴纸，制作了驱逐房客的通知——就能

> 下面是同一文章的两个版本，第一篇文章是未经编辑的版本。第二篇是经 EvidenceNetwork.ca 编辑发表的版本，该版本为加拿大的学者提供了有用的资料，提高了学者所做研究的公众接受度。第一个版本没有个人风格，看起来像机器人写的，第二个版本有了个人风格，读起来更有人情味儿。
>
> **第一个版本**
>
> 加拿大邮政公司（CPC）正在寻找新的总裁和首席执行官（CEO）。前任 CEO 迪帕克·乔普拉于今年一月离职。
>
> 有机会执掌联邦政府规模最大、最具意义的机构之一，是一件令人生畏的事情。新领导人将不得不在高度政治化的环境中应对这家公司面临的一系列运营和结构上的挑战。自由党

政府已经并且将继续出于政治目的干涉 CPC 的运作。新的领导人需要具备敏锐的政治、商业及外交技能，将 CPC 引向一个可持续发展的方向。

对此，我提出以下报告：CPC 的核心宗旨是为农村地区、小城镇提供信件递送和物流服务，而在这些地方，私营物流公司提供的服务很有限。CPC 有义务（或说是不得不承担这份义务，这取决于人们的看法）站在国家垄断地位接受这份邮政服务工作，但仍无法解决偏远地区邮政服务成本的问题。CPC 有义务为所有加拿大的客户提供服务，无论成本如何，他们都必须履行这一"普遍服务义务"。

第二个版本

你在找新工作吗？加拿大邮政公司正在寻找新总裁和 CEO。但这是一份需要慎重考虑的职务。

新的 CEO 将面临数字化时代加拿大邮政运营、财务以及治理缺陷等多方面的严峻挑战，同时必须权衡严密的公众监督和高度的政治化背景。

邮件投递看起来很平凡，但其对联邦政府来说具有重要的政治意义。邮件和包裹投递服务是联邦政府为数不多的影响普通民众日常生活的具体事务之一。与邮政业务相关的任何问题都会对国会议员的选举产生直接影响。糟糕的客户服务或错误的公司决定都会登上报纸头条。

增加文章的说服力。技术统治论者似乎不会看重这种力量。有些文章读起来就像机器人说话，很乏味。你得用自己的"声音"写，这很重要。我知道，这个建议很难执行。这句话大概和我 13 岁想获得男孩关注时哥哥提供的建议一样——"放轻松！做你自己就好。"——但它确实有道理。

你得剔除外部的"声音"，遵从自己内心真实的声音。以下是两个技巧：有时，当我无法开始的时候，我会屏蔽现实，闭上眼睛"写作"；有时，我会对着手机"说话"，那些语音备忘录会帮助我开始着手处理难题。不管用什么方式，你都得发自内心地写作。如果你不思进取，或拘泥于学术理论和专业知识，使用大量专业术语，你的作品也会被毁掉。如果不去思考什么内容是你能（而且只有你能）提供的，那你可能永远不会知道自己想写什么。

在唐纳德·特朗普（Donald Trump）当选总统之前，我编辑过一篇颇具前瞻性的文章——纽约一位富人彼得·乔治斯库（Peter Georgescu）号召他的富人朋友们在不平等问题日益严重，足以引发革命或民众起义之前做些什么。文章的题目是《资本家崛起》（"capitalist Arise"），后来这篇文章被扩写成了一本书，彼得·乔治斯库写出了他知道且想讲出来的事：他的富人朋友们此刻很担心。文章的第一个版本较之后的版本不太一样，较为抽象，写的都是当代的大问题，像概论。通过电话和邮件，我们彼此之间有了更深的了解，我请他更直观地讲一些他知道的而且能够说出来的东西。

然后，这样一篇文章诞生了——国家特权阶级的一分子控诉了自己所在的阶级。彼得之所以了解愈发扩大的、极具破坏性的贫富差距会带来什么，或许是因为他个人的经历：他出生在罗马尼亚的布加勒斯特，以难民身份逃到了美国。我不知道他是否在这篇文章的写作过程中

第五章　找到自己的风格　　47

下面是彼得·乔治斯库那篇文章的最初版本：

我经历了一次重要的旅行。这一切都始于几年前。美国正面临着挑战，我们当前的生活方式也正面临着生死存亡的威胁，意识到这一点后，我变得忧心忡忡。这样的担忧无关乎基地组织和ISIL[①]，也和中东、非洲或亚洲的任何一个激进组织无关。哦，他们当然会对我们造成伤害，比如"9·11"事件，或一些更早的事件，但我们尚能应付，也能重新振作起来，这是我们民族性格和国家力量的一部分。我的恐惧在于我们国家内部的威胁。当前美国的头号问题正不断恶化，像一只巨型凤凰，其最明显的表现形式就是人们经常谈论的收入不平等的问题。

下面这个版本更好地反映了彼得想要传达的内容，于2015年8月7日在《纽约时报》发表，题为《资本家崛起：我们需要应对收入不平等问题》：

我很害怕。亿万富翁、对冲基金投资人保罗·都铎·琼斯很害怕。我的朋友、家得宝创始人肯·兰格内也很害怕。很多CEO都害怕。但我们怕的并非基地组织、邪恶的ISIL，也不是其他来自中东、非洲或亚洲的激进组织。我们担心的是收入不平等问题将会导致的恶果。

[①] "伊拉克和黎凡特伊斯兰国"极端组织。

改变了主意,他是难民,也是世界上最大的广告公司之一的名誉会长,他有底气建议人们不要简单地将财富纯粹看作是好东西。如果那篇文章的作者来自中产阶级,我可能不会发表。他是呼吁为工薪阶层争取更高薪水的合适人选。当这样的呼吁来自那1%的阶级,就会变得更有力量。

不要因为自己在郊区长大,过着平淡无奇的生活,就觉得自己无话可说。压迫、痛苦和孤立并非成功故事的必要因素。只要是真实的故事,就一定会有人愿意看。可以读读畅销小说家、普利策奖得主伊丽莎白·斯特劳特(Elizabeth Strout)的作品。她细心钻研着看似普通的人的生活,思索蕴藏在平凡生活中的暗涌,作品充满智慧和洞见。在你的生活中,你也得学会接受你面前的一切。

伍迪·艾伦就有一个其他人讲不出来的故事可以讲,因为没有人知道他心里究竟是怎么想的。我发表他这篇文章时心里很紧张,担心其中有最后会被证伪的细节。即便这篇文章从写作的角度来看无可挑剔,但我知道,一定有人会对此产生愤怒的情绪。结果也确实有。被激怒的人里就有我的同事。他们不愿相信我给了一个被怀疑是虐童者的人表达的机会,理解我究竟在做什么的人没几个。我知道有几个年轻的同事很生气,但我认为,在被证明有罪之前,任何人都是清白的,除此之外我还觉得,自己有道德上的义务去帮助艾伦发表文章,因为我们媒体界也给了他的指控者讲述自己故事的机会。不管是在大学里、在工作中,还是在办公室里,你都有可能遇到自己不喜欢的决定或意见,而你必须去处理。我知道有些编辑在想什么:如果是希特勒呢?你还会给他自证清白的机会吗?告诉你吧,我还是会的。《纽约时报》直到1970年才创立了社论部门,所以我们不知道,如果那样的渠道存在,那时的编辑会怎么做。但我相信,理解邪恶与理解善良同样重要。

第六章　诉诸个人经历

你已经清楚了自己要写什么——你想表达什么，写什么会脱颖而出，你在哪些方面具有权威性。接下来的问题就是，如何发表文章。

并非每篇文章都涉及个性化层面，不过有时个性化确实有用。有些作者是整篇文章的核心，这会让文章更具说服力、更有力量。

安吉丽娜·朱莉（Angelina Jolie）就是个完美的例子。她利用自己的名气来讲述自己的故事——不是为了炫耀自己，而是为了帮助他人。

她的代理人打电话来那天，我刚好在家办公。我喜欢偶尔一个人在家待着，读书或编辑稿子。有时，办公室会给我一种穿"紧身高领毛衣"的感觉。而在家里，我能够顺畅地呼吸，放松心情，还能胡思乱想。

我的副手休厄尔·陈（Seuell Chan）发了封邮件来，说安吉丽娜·朱莉会发来一篇投稿，问我是否愿意回办公室处理一下。我的公寓距《纽约时报》不远，乘地铁只需15分钟。我明白他为什么这么问。即便是从不与名人打交道、对名人毫无敬畏之心的新闻人，也可能因为朱莉找上门来而激动不已。她是世界上最耀眼的明星之一。

我想，休厄尔想要的回答是"我不过去了"。我也是这么做的。我知道他很愿意做这件事。副手的工作量很大，但却很少有机会主管一件事。我告诉他："朱莉是你的了。"

那天晚些时候，朱莉的文章发来了，但文章的内容并不是讲她即将上映的新电影，而是讲她切除了自己的乳房，因为她发现自己身体里有一种易患乳腺癌的基因。

她的文章带来了数百万的浏览量，或许还改变了一些女性对接受乳腺癌基因风险筛查的看法。这篇文章或许让某些根本不会考虑这件事的人去做了乳腺癌1号基因（BRCA1）筛查，或许也帮助一些女人好好活了下去，让她们有机会看到自己的孩子找到第一份工作、有了家庭。但愿如此。

朱莉的文章呈现了个人经历能够产生的力量。如果她只是简单地要求更多女性接受检测，或只是写这种基因是她家族的遗传基因，这篇文章就不会那么令人感动了。她冒着永远改变自己形象的风险切除了乳房，这是一场豪赌。如果因为切除乳房观众不再将她视为性感女神，她还会如以往一样成功吗？朱莉是在用自己的前途做赌注。

即便对我们普通人来说，将私生活暴露在公众视线里也是很可怕的。可以想见名人这样做要承受的风险，他们需要付出多大的成本？又能有多少收益？20世纪70年代，第一夫人贝蒂·福特（Betty Ford）勇敢地公开了自己长期与酒精和毒品做斗争的经历。作家安德鲁·所罗门（Andrew Solomon）和威廉·斯蒂伦（William Styron）也都公开过自己患抑郁症的事。这些名人将公众的健康问题置于自己的隐私之上。

大约两年后，朱莉的代理人又找上门来，这次我在办公室，所以我接手了那篇文章。我曾与英国政治家、朱莉的朋友阿明卡·赫利克（Arminka Helic）共事过一段时间。我本以为世界上最著名的女性之一会有一群公关顾问，但我惊讶地发现，朱莉并没有。类似的事情，她会依靠阿明卡。

编辑们就是否要发表这次的文章吵得不可开交，因为文章的第二部分涉及这位知名女性的身体内部器官。我觉得应该发表，因为朱莉已经将自己置于公众视野下，用她那引人入胜的故事与读者建立了联系。我认为，不能将这篇文章的发表简单解释为吸引"窥阴癖"。这篇文章没那么糟糕，任何处在同样境遇的女性都想知道：在有乳腺癌和卵巢癌遗传风险的人身上会发生什么。

在这篇文章里，朱莉写道，为了进一步降低患癌症的概率，她摘除了卵巢和输卵管。因为事情已经是第二次发生，所以并没有那么令人震惊，尽管这篇文章仍然是她的隐私，也很触动人心。

的确，这是她的故事，只属于她自己。

我们发表的最受欢迎的那些文章，很多都具有极度的私密性和启迪性，常常会涉及一些基本议题，比如生与死、家庭关系、癌症以及压力。作家、神经学家奥利弗·萨克斯（Oliver Sacks）在《纽约时报》撰写了一系列文章，记录发现自己患上晚期癌症的经历。他的最后一篇文章发表于去世前两周。如果他或朱莉不愿透露个人细节，那么他们的文章便不会那么有力量，也不会被那么多人记住。相反，这些作者并不沉默，他们没有被不幸困住，他们直截了当，不感情用事。

不管你是个年轻人还是老妇人，不管你写的是恼人的粉刺还是讨厌的丈夫死后那自由快乐的感觉，如果你决定将自己的私生活细节公开，以便让你的故事更有力量，那么写就好了——不要再去忧心这些细节是否琐碎、是否令人感到尴尬、是否会招致恶意评论。你要做好心理准备，尽量不去看网上的评论。记住，内心带着恶意的人准会去评论你的私生活细节，事实上，所有人都有可能这么做。也有人会说他们被你感动得大哭或大笑，也不必太在意。

　　对很多人来说，泄露个人信息是很可怕的一件事。他们担心这样一来自己会陷入腹背受敌的境地，或不利于表现自己的专业知识及职业成就。我有时会为作者提供咨询，在专栏写作上给他们建议。前阵子我和一个颇有成就的作家合作，我建议她在文章中加入更多个人的经历，她态度坚决："我不想让文章变得私人化。"她不想谈论自己的童年，即便她的成长经历与她提出的政论观点存在联系。但是，塑造她如今的论点、给予她与众不同的看问题视角的，也正是她的童年。如果能讲出这些细节，她的文章会更丰满。她拒绝将更有人情味的自己呈现给读者，而这对她的文章是没有好处的。

　　我常常觉得自己敦促作者讲述私生活的做法很无礼，但我只是想让他们的文章更令人难忘。尤其是对记者来说，分享私人信息是一件很难做到的事情，因为他们中的很多人都习惯将隐私隔离在作品之外。作者们会选择做对自己有益的事情，如果是长期合作的作者，我通常不会强迫他们这么做。

　　你必须弄清楚自己愿意分享多少私生活的细节。有时我会将更多的细节作为发表文章的必要条件。

　　有一天，一位顶级文学经纪人告诉我，他有个朋友想讲一个关于自杀的故事，问我是否有兴趣。他那位朋友是威尔·利平科特（Will Lippincott），也是一位文学经纪人，曾因患精神疾病住院。出院后不久，威尔确信自己永远不会好转，便制订了一个自杀计划。他去了自己在乡下的房子，打算在那里终结生命，但在最后一刻放弃了这个计划。他在另一家精神疾病治疗机构找到了一种叫"辩证行为疗法"的治疗方法，最终改变了自己的命运。他想在《纽约时报》发表一篇文章说说这事儿，就像他的同行朋友说的那样："讲讲自己的故事"。

那封邮件激发了我的兴趣，我很想读读他的文章。但文章发来后，我很失望。威尔确实宣传了辩证行为疗法，但没太透露关于个人的细节。这就不怪我了。优秀的编辑不会麻木不仁，但如果他想让文章发表，就需要多谈谈自己的创伤，而不是大谈特谈某种治疗方法。

秉持这种观点的并非我一人。读了他那篇文章的其他编辑也是一样的反应，他们的评论可能看起来有些冷酷，但我们追求的目标都是一致的——好的故事。当然，我们是在内部邮件中讨论，除非我们中有人手误，否则投稿的人永远不会看到那些冷冰冰的、残忍的评论。比如："自杀的部分远比第二部分有趣、引人注目。如果他多写点自己的沉思，少写些欢欣鼓舞的词语，这篇文章还是有救的。"所以，我不得不请求威尔再多写写自己——描述他的感受，解释自己为什么想自杀，以及为什么又决定不自杀。

我以前不认识威尔，而且有可能永远没机会认识他，对这样一个人提出要求，让他将他的家人可能都不知道的细节披露给大众，实在是冒犯。我有些愧疚。我是个混蛋吗？威尔在出版界是个名人，将个人信息公之于众可能不会是他这样的人会做的事情。但他的确做了，他写了一篇很棒的文章，他想把这种救了自己性命的疗法介绍给更多人，这是他这么做的动力。

许多作者都会犯同样的错误，具体的细节能让他们的文章更棒、更有说服力，但他们却选择泛泛而谈。山姆·波尔克（Sam Pock）曾是一名对冲基金交易员，他曾发来一份草稿，讲述了他的"金钱瘾症"。这个话题不错，我觉得可以作为周日的头版登出。山姆说他写了两个版本，我让他将更长的那版也发来了。

他文章的开头很棒："在华尔街的最后一年，我只拿了375万美元奖金——我气得不行。"他觉得自己应该拿得更多。他嫉妒自己的上司，因为他们的奖金要多得多。山姆想要更多的钱，他写道，和酗酒者想喝酒的原因一样——"我对钱上瘾了"。

但是随后，文章就开始走下坡路了。山姆用了大量笔墨笼统地描述"瘾症"的概念，对自己的生活却写得不够。我想了解他的家庭情况，我想知道，究竟是什么因素促使他如此在意财富的积累。我想更进一步地了解他的父亲，因为他说，是父亲将"金钱是万能的"这种价值观传给了他。

山姆很有礼貌，也很想把自己的故事讲出来。他修改了文章，增加了很多自身经历的细节，最后他的这篇文章成为我们最好的周日版头条之一。由于山姆有毒瘾和酒瘾，在一位顾问的帮助下，他意识到自己与金钱的关系也是一种瘾症。他写道："由于我们的文化氛围鼓励人们追求财富，所以并没有针对'金钱瘾症'的十二步戒断疗法①。"

并非所有个人的故事都是残酷的，或涉及抑郁症、瘾症。蒂姆·克莱德（Tim Kreider）是一位散文家、漫画家，经常为《纽约时报》供稿，他写过一篇关于他对家猫感情的文章——这篇文章后来被选入年度最佳散文集。这个故事读起来可能有些傻傻的，但却意义深远。（当然，除了对这篇文章本身的喜爱，我知道我们的读者跟我一样，也对动物很有兴趣。关于动物的好故事一直都有很高的人气。）

---

① twelve-step program，一种流行于西方国家的心灵治疗支援团体疗法，概述了从瘾症状态中恢复正常的行动过程。

第六章 诉诸个人经历

蒂姆谈论了自己和猫的关系，从而延伸到了对人性的阐述，以及被一只猫打破独居生活的感受。他很诚实，也很风趣，写一篇关于猫的文章并没有让他觉得尴尬。他提及，小猫和自己极为亲近，但很排外，如果有女人凑过来，它会马上挤到他们两人中间。他的一位前任女友就曾控诉蒂姆爱上了这只猫。"说实话，它确实是一只很迷人的猫。"蒂姆以他典型的冷幽默这样写道。

也有作家不需要敦促，他们在潜意识里就觉得，写个人的故事是一种可行的方式。对此，优秀的编辑会留出足够的空间，不会对作者横加干涉。有一天，小说家莫娜·辛普森[①] 发来一篇文章，那是她为哥哥史蒂夫·乔布斯写的悼词。幼年时期，哥哥被收养，妹妹颠沛流离，辗转几个家庭，直至成年后兄妹俩才得以相认，不过后来，他们变得很亲密。我们要做的就是迅速核实这件事，然后发表。这篇文章的完成度很高，我们没有必要为了修改而修改。辛普森用大量笔墨描写了哥哥的性格，让人读到停不下来，最后，她用哥哥给世人留下的最后几个字结束了这篇文章："哦。哦。哦。"[②]

每个人都有可讲的故事。而最棒的那些，人们能够记住的那些，往往需要作者揭开自己的旧伤疤，触及更深层次的问题，挖掘其中更紧迫的层面。之后再读到感兴趣的新闻时，你可以想想，如果让你写，你的个人经历会对写作有怎样的启发。比如，你所在的州最近发布了限制堕胎的法案，你的妈妈在生了几个孩子之后堕了一次胎，她的决定对你的家庭是否产生了无法挽回的影响？讲讲这个故事吧。再

---

① Mona Simpson（1957— ），美国作家，史蒂夫·乔布斯同母异父的妹妹。乔布斯生母生下他时是单身妈妈，迫于生活压力将他送养。兄妹两人于1982年相识。
② 原文为："Oh wow. Oh wow. Oh wow."是乔布斯的临终遗言，有人解读说，这是因为他最后仍放不下苹果公司和自己的亲人。

比如，你 18 岁的时候，因为路面不平骑摩托车出过事故，那你可以写写这个国家那摇摇欲坠的基础设施以及忽视道路建设对民众生命财产安全造成的威胁。无关年龄与教育水平，你的个人故事会促使读者记住你说过的话，让他们更愿意相信你提出的观点。

你生活中的种种细节，会让你的文章更动人、更令人信服。

第三部分

让读者信服

第七章　了解你的读者

如果你想让别人听你的，那你首先要做的就是听他们说了什么。

如果你不了解对方的感受，不知道他们的弱点在哪里，你就没办法对他们施加影响。但在如今的文化氛围下，很多人做不到倾听他人。我们不知道，或不愿意倾听，又或两者兼有。我们难以跳脱出自己专注的事物。这是个以"自我"为中心的时代，Instagram（照片墙）和Facebook大行其道，一切都是"我"，一切都是"精致雕琢过的'我的'生活"，人们对他人及他人生活的关注越来越少。

倾听很难。别人说话时，你会积极地倾听吗？我打赌你不会。我承认，我自己也受此困扰。就餐时，我会让大家把手机收起来，放到无法随手拿到的地方。主持会议的时候，我也会禁止大家带笔记本电脑。这么做似乎有些讨人嫌。当然，有时你可能需要手机或电脑来记笔记，这种情况例外。但我也曾看到过所谓的"记笔记"是什么情况，我坐在"记笔记的人"旁边，眼看着他们从会议中走神，开始检查和回复电子邮件。这种行为有点像在开会时嗑药，绝对会分心，让感官麻木。

如果你专注于打造自己的品牌，那就不能不关注你的读者。你必须了解他们，不管你是想接近一个人还是一大群人。你得知道他们是谁，他们的内心想法是什么，以及他们有什么恐惧和偏见。

有时人们看似在倾听，但其实只是在努力融入，想找一个切入点开始表达。我也经常听不进别人说话，所以我知道这有多难。你呢？你会让别人说完哪怕一个完整的句子吗？作为一个倾听者，当我打断他人继而被对方严厉地批评时，我不得不正视自己的缺点。一开始，我以为对方在故意刁难我，但随着时间的推移，我不断审视自己，最终承认自己确实经常打断别人。我已经在纽约住了一些年了，这里的人反应快、咄咄逼人，喜欢在谈话中跳来跳去。有时，这种打断会让谈话变得活泼，令人兴奋。但有时，这种快速的交谈会让那些更有想法但又不想因被打断而去争吵的人被忽略。

我试着改变这种状况。我努力了。每次觉得自己打断了别人，我就会打自己一下——但我现在仍觉得这是件很难的事情，我仍然深感困扰，我仍会打断别人。

你可以做一个实验。假如在别人没有停下来的意思时，你想让对方停下来。这时你是不是觉得自己知道对方接下来要说什么？——不要这么想，不要打断对方，让他继续说吧。可能一开始，这种状态会让交谈显得缓慢而无聊，但我们其实并不知道对方究竟想要说什么。如果你让对方说完他们想说的，或许你会大吃一惊。

关掉大脑中的对话模式，仔细聆听他人，这需要花费很多努力，我们大多数人都不愿在这方面付出努力。我们在贬低自己。我们没有耐心。我们急于显摆自己知道得多。我们迅速打断对方，像一颗从高空快速入水的炮弹。嘿！都看我。

好的倾听者没有几个，但倾听确实是交流沟通中的核心工具。

以下是几个关于倾听的小技巧：

- 别人说话或表达负面信息的时候，不要摇头。
- 不要急着提建议，这会让谈话中断。
- 不要在一句话中间打断对方。实在不行，就用牙咬住自己的舌头。不要突然改变话题。
- 和别人交流时不要看手机，不要胡思乱想，避免左耳进右耳出。别去想晚饭吃什么之类的问题。
- 仔细思考对方说的话。
- 眼神要有交流，但不要死盯着对方。
- 用适宜的评论和回应表示自己在听，鼓励对方继续说下去。

有一天，我在一家咖啡馆偶遇作家朋友鲍勃·莫里斯（Bob Morris），我告诉他我正在研究的这个问题。他笑了，这让人有点捉摸不透。

"笑什么？笑什么呀？"我问。他说，他虽然是一个作家，但也在研究如何解决冲突。他说，让人们维持合作的秘诀并非不断地提出想法，也不是不停地争论或试图劝服他人，而是倾听，倾听，倾听，直至找到一个中间立场——就此达成一致。

那要怎样才能做到呢？

停止"处理多重任务"。20年前，很少有人使用或思考"处理多重任务"这个概念，而现在，这是每个人都会遇到的情况。在纽约生活的人过去常常会取笑那些突然停下脚步抬头仰望高楼大厦导致交通堵塞的游客。如今，无论是纽约人还是游客，都会低下头，在十字路口、地铁楼梯或买咖啡的时候看手机。处理多重任务会阻碍人们做他们眼下真正需要做的事情。如果你在谈话中一心多用，和你谈话的人会觉得自己被忽视。前几天我在一家商店向店员女士说明我想要什么商品的时候，她简单回复了几句，随即又开始看手机。这让我以后再也不想来这家店了。看手机、接电话、发短信，这些行为带着批判和轻视，似乎是在传达一种态度：我的生活中有比你重要得多的事情要处理。

　　用耳朵听，用心听，全身心地投入，不要急于下结论。对于那些不太具吸引力的人群，我们确实很难做到倾听，无论对方是高是矮、是黑是白、是胖是瘦、是年轻还是年老。但如果你能尝试克服自己本能的先入为主，你就能更好地倾听。如果还是忍不住想要去评判，至少不要显露出那种带有评判意味的神情，比如皱眉、转移视线。务必表现出自己是带着开放的态度在谈话。如果能够尽力保持安静倾听的状态，渐渐地，你会收获不同的感受。试着去感受话语背后的情感，用你的反应告诉对方——你用心听了，你理解了。不要反驳，不要发表意见，听就好了，如果能时不时制造点"小噪音"以表明你在认真听，那就更好了。想让对方感受到自己被倾听，可以重复对方说过的话，也可以提些问题——不是那些用"是"或"不是"回答的问题，而是真正的问题——让他们知道你愿意听，而且感兴趣。对方在某件事情上是否有所悟并不由你决定，不要告诉他们该做什么，否则谁也不愿意再多说一句话。一开始就要给对方一个解释自己所思所想的机会，这样做会显得你和蔼可亲，是个好的倾听者。如果肆意打断对方，那你永远也说服不了他们。

一开始，你可能会觉得倾听只是一种策略。但你很快就会发现，听得越多，你就会越好奇。很少有人觉得自己真正被倾听，或许这解释了人们为什么会将大把时间花在 Twitter（推特）、Facebook 和 Snapchat（色拉布）上面，一刻不停地检索、浏览，以满足内心交流的渴望。他们和记者聊，和心理医生聊，不停地在网络上发表评论，因为他们希望被倾听。

多年来，我一直兼职做自由撰稿人，每周都会为《纽约时报》房地产专栏写一篇文章。这项日常工作包括与受访者在其家中见面，谈谈他们为什么选了某处房产以及他们内心的感受。一般来说，类似的采访只需花费一个小时左右，但我总是会花更多时间，有时甚至要三四个小时，去探听受访者的私生活细节，即便这些细节与他们的房地产状况无关——可能是关于疏远了关系的父母、讨厌的工作，也可

> 以下建议能够帮助我们更好地采访他人：
>
> - 尽可能地在网上查找关于对方的一切信息。
> - 尽可能地查找关于对方工作单位的一切信息。
> - 准备一些采访刚开始时可以问的问题，比如："你在哪里长大？""这件衬衫很好看，你从哪里买的？"
> - 准备一些采访节奏变慢时要问的问题。这些问题得刺激一些，让对方无法仅以"是"或"不是"来回答。
> - 将最私密、最具威胁性的问题留到最后。

能是关于有毒瘾的兄弟姐妹。他们不认识我，也不知道如果我们把这些极其私密的细节公之于众将会给他们带来多大的不幸——我从未这样做，主要是因为那些细节与我正在做的采访无关。但我喜欢那些故事。只要我们建立了融洽的关系，他们就会忘记我是记者，这让他们感到安心。我成了一个朋友般的存在，他们信任我。

只要你愿意倾听，就一定有人渴望倾诉。

有时候，人与人之间产生联结是一瞬间的事情，发生得毫不费力，就像化学反应。但大多数情况下，你还是需要提问、倾听，并表示你在倾听，从而让说话者知道你理解他。

这不是一项容易的工作。我一直希望自己做房地产专栏采访时能像和朋友交谈时一般随意，让采访者坦率地分享他们的经历，但这并不意味着我没做准备。

到达之前，我会尽可能了解对方所在的街区和建筑，还会列一个清单，写上我认为能够将谈话引向友好氛围、避免生硬尴尬局面的问题。有的问题很简单，比如："你为什么搬来这里？"也有相对复杂的，比如："这栋房子有什么让你觉得特别好，或特别糟的吗？为什么？"我想知道一个地方是如何影响人们的生活、如何反映人们的个性的，在回答这些问题时，我希望他们处于放松、自在的状态。

倾听的社交价值已经在学术研究中得到了充分的证实。所有人都喜欢被其他人关注，喜欢被问问题。2017 年，哈佛大学的研究人员发表了一项研究，发现"提问能力"与"受欢迎"之间存在紧密的联系。在谈话中问出更多问题的人，更容易被对方喜爱，尤其是那些能够表明自己在认真聆听的提问者。研究人员还观察了速配约会的情境，他们发现，如果提问者能够问出对方感兴趣的问题，配对成功率也会大大提升。在一对一交谈的情形中，人们会对对方的政治立场及观点持更加开放的态度。个人维度和政治维度总是会这样融合在一起。长时间的谈话更有可能向彼此呈现出相似性，从而建立联系、协调一致，使双方的关系发生变化。

私人关系中的倾听是一门艺术，值得玩味。但是，如果你试图接触的不是一个人，而是一群人，又要怎么去倾听呢？肯定更难，但适用原则一样。

如果你的目标受众是某一报刊、媒体的读者，比如《纽约时报》

> 如果自由派人士想了解更多对立的观点，可浏览以下报刊、媒体：
> 《华尔街日报》
> 《国家评论》
> 《联邦党人》
> 《德拉吉报道》
> 《福克斯新闻》
>
> 如果保守派人士想了解对立的观点，可以看这些：
> 《纽约客》
> 《时政漫画》
> 《纽约时报》
> 《政客》
> 《华盛顿邮报》

《华尔街日报》或《卫报》的读者，你需要知道读这份报纸的最有可能是哪些人。如果想接触到他们，就一定要时刻为他们考虑。可以读读这些报刊，找出最受欢迎的报道都是哪些类型，看看读者写的评论。思考你的目标受众，找出他们的偏好。

你得倾听，才能知道如何应对对方的异议，从而确定自己提出什么样的观点最具说服力。你需要查阅平时可能不经常阅读的资料，以便了解你的受众最有可能存在的偏好，从而精心打造一个强有力的论点。每个人都有自己的阅读习惯，很难撼动。如果你的受众是自由派人士，你可以读读《纽约时报》和《纽约客》。如果你的受众是保守派人士，那就读读《华尔街日报》和《国家评论》。不要只看那些你一般情况下认同的网站。广泛地阅读，不管涉及什么观点。而且，将这些观点进行比较会很有趣。无须费力订阅纸质版，用电子邮件注册订阅就可以了。如果你正在研究某个你特别想写的特定议题，可以看看持相反立场的网站，研究一下别人的表述和论证。（说不定你会发现自己很赞同别人的观点！）

接下来的任务，就是根据你的研究议题重新评估自己的主张。这样做能帮助你强化论点。在如今极端的舆论环境下，有太多人认为，任何与自己想法不同的人都很愚蠢，或者他们根本不了解事实——而这种倾向经常出现在政治竞选中。这种观点简直是大错特错。首先，你得知道，聪明、理性的人可能不会同意你的观点，他们有足够的理由按照自己的想法行事。如果你轻视与自己观点相左的人，那就永远说服不了他们。世界上每时每刻都存在刻板印象。作为一个从小城镇走出来的人，每次听到人们轻蔑地谈论农村人、中西部人、南方人的时候，我都会变得非常敏感，觉得那些人简直没脑子，随后便闭上自己的嘴巴，也不再听那个人说的任何话。

在你看来很荒谬的事情，在某些人看来却很合理，你可能难以接受这一点。唐纳德·特朗普当选总统时，《纽约时报》的大多数人都感到震惊。新闻编辑部几乎没有人相信这是真的。这样一个男人竟然会赢得竞选，而且他的支持者大多数是白人女性。如果你觉得某件事很荒谬，那你很难去真正地倾听，去倾听那些支持特朗普的女性说的话也就更不可能了。

管理社论版块的时候，为了对读者施加影响，我必须了解他们可能存在的偏好。《纽约时报》的读者群体大多为自由主义者，我喜欢发表挑战他们观念、让他们觉得不舒服的文章。不管对方是左派还是右派，我知道，如果我没能找到一种能让他们倾听的方法，那这些文章就是毫无价值的。作者不是非得与自己的读者保持一致的观点，但必须理解读者可能会有什么样的观点。

记得有一天，我在我们的专栏作家弗兰克·布鲁尼（Frank Bruni）的办公室里瞎溜达，我想问他，为什么那么多男人在变性成女人之后会选择以极端化的方式表达自己的女性身份，他们似乎全盘接受了社会一直以来施加给女性的束缚，而这些束缚，真正的女性花了许多年时间试图打破。

"为什么他们非得拙劣地模仿女性？"我问。

弗兰克笑了。"这事儿你得和我的朋友埃莉诺聊聊，"他说，"我们刚通过一次电话，她也提了同样的问题。"

埃莉诺·伯基特（Elinor Burkett）是一名作家、电影制片人，曾与弗兰克合著过一本书。从和她通邮件那一刻起，我就知道，我们有同样的三观。她答应就这一话题写篇文章，如果写得还不错，我觉得会是个很棒的周日头版。

我觉得她很有天分，《纽约时报》的读者会喜欢她的，她了解他们的潜在偏好。她写了一篇名为《是什么造就了女性》("What Makes a Woman")的文章，开篇就注定会引起读者的共鸣。"女人和男人有不同的智力水平吗？"她这样提问。随后，她讲述了劳伦斯·H. 萨默斯（Lawrence H. Summers）的案例。萨默斯曾任哈佛大学校长，他认为男人和女人的智力水平不同。他曾因性别歧视、暗示女性智力低下遭到社会谴责，有些哈佛校友也因此停止了对学校的捐助。但在随后的文章中，伯基特又提出一个问题：凯特琳·詹纳（Caitlyn Jenner）（原名布鲁斯·詹纳）在接受黛安·索耶（Diane Sawyer）的采访时也说了几乎同样的话，却没有遭到谴责，这是为什么呢？采访过程中，詹纳说："相较于男性，我的大脑更女性化。"很明显这也是在暗示男性和女性智力方面的差异。

自由派人士迅速站出来谴责萨默斯，但又力挺詹纳的勇敢。为什么呢？因为詹纳是跨性别者，自由派人士当然会挺她，也当然会对萨默斯这样的异性恋男性更加苛刻。

由一个很明显的、能够引发自由主义共情的开头，引出一个与此矛盾的例子——这是个聪明的做法。但《纽约时报》刊登过很多支持跨性别者权利的文章，这似乎已经成为读者的核心价值观，或者至少是这份报刊的核心价值观。如果伯基特在文章一开始就攻击跨性别女性夸张的女性气质，她会立刻惹怒读者。但她的文章结构表明，她做得很好。

你本是这样想的，但也要反向思考——这是一个经典的议论文写作方法。指出矛盾之所在，能引导你的读者从不同的角度看待问题。有时候，想表现出你很理解读者其实很简单，只要在文章开头告诉他们，你知道他们在担心什么，因为你也在担心同样的事情。我有个作者是一名律师，他希望在《纽约时报》发表一篇自己写的文章。他写得很棒，但开头有些问题，文章第一句话对一般读者来说太过专业，而且有点扫兴。他是这么写的：

> 本月晚些时候，美国最高法院将针对"美利坚合众国诉微软"一案举行听证会，这是联邦政府和科技界围绕数字隐私问题的一场旷日持久的纠纷。

我觉得他应该再快一点切入正题，并使用一个对《纽约时报》那些关心数字隐私安全问题的读者来说更浅显的疑问句作为开头。以下是我的建议：

> 如果你的邮件储存在另一个国家的服务器中，美国政府有权查看吗？或者：政府对数字隐私的检察权应该止于国界吗？

他的文章被顺利发表，除开头外，几乎没做改动。对我和他的改稿编辑来说，这种开头的方法很有用，因为能够顺应大部分读者的想法。倾听读者的心声意味着你得知道他们想读什么。如果你在为不同的媒体写文章，一定要先仔细研究，确保自己了解每个平台的读者和编辑的兴趣点。

倾听不是一件容易的事情，无论你面向的是一群人还是一个人。现在我能意识到，自己打断别人的次数远比想象中要多。我已经明白了这个道理——如果一直打断他人，就是在"自断后路"，就是拒绝了解他人的机会。如果你真的能做到倾听，那么你听到的内容很可能会改变你的生活，或者至少会得到一些令人惊讶的有趣信息。

在一次聚会上，我丈夫对一个我们刚认识的男人展开询问，关于为什么他要穿橙色毛衣搭配橙色鞋子。"是一种时尚宣言吗?"我丈夫问,他知道对方在时装领域工作。好吧,事实证明,那根本不是什么"时尚宣言"。他之所以穿橙色鞋子,是因为前阵子他所有的鞋都被偷了,除了那双橙色的。这个问题很简单,但答案令人大吃一惊。

第八章　你喜欢狗？我也是！

不管是写作还是私人沟通，在一切形式的劝说行为中，建立共同点和一致的价值观都是很重要的。我们会被自己喜欢的人劝服，而不会被自己不喜欢的人劝服。几乎在所有情形下，我们都更容易接受与自己观点相似的人传达的信息，不管是什么类型的信息。

如果你想提出一个可能会引起分歧的问题，可以在此之前先建立共性，如果能做到这一点，你的读者会更愿意倾听你的想法，因为你已经在你们之间建立了联系。心理学家的研究也证实了这一点。如果能在你和你的受众之间建立联系，改变他们想法的可能性就会大大增加，虽然这听起来有些不太符合常识。

物以类聚，人以群分，这个道理我们都知道，加州大学洛杉矶分校和达特茅斯学院的研究人员也通过实验佐证了这个道理。他们向研究生们展开调查，询问每个人的朋友是谁。利用这些信息，研究人员标记出学生们在社交圈中关系最亲近和最疏远的人。随后，研究人员让学生们观看一系列视频，同时进行核磁共振成像以检测他们神经系统的活动。最后，研究团队发现，学生对源自真实世界的刺激所做出的反应，与他们的朋友的反应相似。通过观察他们的神经系统对视频片段的反应，可以预测谁是他们的朋友，以及他们之间的"分离度"有多大。所以，在神经学层面上，我们和我们的朋友很相似，也很亲密。研究表明，相似性会带来说服力。我们的思维会影响朋友的思维，反之亦然。

因此，与人建立联系总归是有好处的，无论是写文章，还是做演讲，抑或你只是想劝说你的邻居不要在每周六早上使用吵闹的吹落叶机。不要一上来就列举事实，或亮出观点。试着找到你们之间的联系，可以是一个音乐家、一档电视节目或某种动物。"你喜欢狗？我也是！"随后，亮出你家狗狗的照片，联系就这样建立了。这看起来或许有些像愚蠢的闲聊，但并非如此。这是一种确认你们同属一个集体、拥有相同观念的方式。你还要考虑对方心里在担忧什么、在想什么，以及如果你说的话无法让他们共情，是出于什么原因。无论是要给高中生做演讲，还是要写一篇你希望能发表在《外交事务》(*Foreign Affairs*) 杂志上的文章，可以想象一下你的受众可能会相信什么，这是有必要的，能够让你从相关的角度开始自己的表达。

人属于哪类人，可以通过他们相信的事物来分辨。如果你和我是同类，那我会更愿意听你说的话。在《纽约时报》的这些年里，我经常看到或听到负面评价，大多数时候，我都选择了忽略。我还记得，在看女儿的足球比赛时，一位我几乎不认识的学生妈妈向我抱怨《纽约时报》支持战争。我只是笑了笑，让脑袋放空，想象自己在别的地方。听到有人批评我们的报道时，我通常都是无动于衷的状态，一般不会提出反对意见。我不认为自己能对这么大一家媒体机构发表的所有东西负责。

不过，即便是这样，当我的朋友莉莎·纳尔逊（Liza Nelson）评论说她受够了《纽约时报》所呈现的关于美国的狭隘观点时，我还是耐心倾听了。我们从幼儿园开始就认识了，她是我最好的朋友。我了解她、钦佩她，也相信她对事物做出的判断。她向我表达了对《纽约时报》的失望，我开始担心，如果《纽约时报》不打算与这位佐治亚州的民主党自由派人士好好对话，就有可能无法实现在全国乃至全球发展的抱负。莉莎的话让我暂时脱离了自己所属的社会群体。她让我知道，在南方小镇，人们看问题的视角可能完全不同。她的话影响了我选择文章的方式。

无论写作还是演讲，在寻求共性的过程中，不要害怕披露自己的生活细节，对他人的私生活也请大胆地问，不要犹豫。如果你卸下防备，告诉人们一些你自己的事情——比如你正和男朋友闹矛盾，或你因为不喜欢自己的老板而沮丧——他们也会投桃报李。紧接着，你们建立了联系。这会让人有安全感，鼓励他们参与进来，让他们在你身上看到自己——如果你想说服对方雇用你，这一点尤为重要。如果你的态度不够开放，没能与对方建立联系，没有让他们发现你们之间的共同点，你就只是"另一个应聘者"。

在试图说服别人时，想一想对方的需求是什么。那个每周六早上使用吹落叶机的人只是想赶紧把活儿干完而已，所以你对噪声的抱怨不太可能得到对方的共情——尤其是对方在草坪上干活儿的时候，你正躺在泳池边休闲。如果能这样想问题，你就不会怒气冲冲地跑去告诉对方很吵，因为一旦你站在对方的立场考虑问题，事情似乎就变得合理，甚至无懈可击了。但是，假如星期六的早上是你唯一能够睡懒觉、不早起上班的时间，那你可以跟对方直说，将自己的诉求表达清楚，两个人一起想办法，既能让你在周六早上好好睡觉，又能让对方把活儿干了。

如果是更加复杂、观点更为两极分化的问题呢？比如堕胎？假设我支持堕胎合法化，想让某个反对派试着理解我的观点，我可能一上来会这么说："胎儿也是人，这一点没什么可辩驳的。堕胎是在剥夺生命。这一点我与你看法相同。"接着，我或许又会说："但女性的生存状况应该放在首位。这就像战争，有的生命有优先权。"先在一些基本的问题上达成一致，再试着往另一个方向引导，才能让争论顺利进行下去。如果我一开始就说堕胎应该合法化，因为这事关女性的选择权，那我就把自己放在了与我试图说服的人完全不同的立场上。就这一点来说，亚伯拉罕·林肯（Abraham Lincoln）是一位通过先承认某事来赢得辩论的高手。例如，他先承认各州有自己的权利，接下来又

> 亚伯拉罕·林肯赢得辩论的秘诀到底是什么？
>
> 　　我的一位律师朋友伦纳德·斯威特说，在法律案件讨论或政治辩论中，林肯会在一些无关紧要的问题上向对手做出让步，从而诱使对方产生一种错误的自满情绪。"前六个观点都有利于对方，随后他给出了第七个观点……然而，整件事情的关键就在于第七点……不管是谁，如果把林肯当作头脑简单的人，最后都会在阴沟里翻船。"
>
> 　　——摘自《为广阔的未来：亚伯拉罕·林肯协会期刊的文章》，托马斯·F. 施瓦兹编辑整理（纽约：福特汉姆大学出版社，1999年）

表明，奴役他人的权利是不被承认的。

建立共识，你便能向前迈一大步。不管是写作还是私交，如果想说服他人，可以提及一些秉持对方观念的人或群体，找到他们的代表。如果你在写一篇议论文，可以提及你认为能够引起读者赞同和共鸣的人，也可以提及你觉得可能持反对立场、会引发读者不满的人。如果是在一对一的劝说语境中，可以想象一下你对你丈夫说："我觉得咱们可以看看《摩斯探长》，约翰和加里就挺喜欢这部剧的。"如果与你同属一个社会群体的朋友此前恰好提出过很好的观点，那么在你试图劝说他人时，朋友的观点就能为你的阐述增加分量。

对此，你可以想一想那些在社交媒体上有着惊人话语权的"大V"。

用名人来给自己背书也是一样的道理。正所谓"爱屋及乌"。我们更相信愿意相信我们的人，也会对喜欢我们的人更有好感。试图说服他人的时候，你是如何找到那些相似的感受的呢？关注对方分享的东西，找到其中的共性。当你尝试与他人达成一致时，可以进行模仿。这也是某些家庭治疗师会使用的策略。通过模仿对方的肢体语言和说话方式，能够增强治疗师与病人之间的相似性，从而给病人带来舒适感。这似乎有些诡异，但人们喜欢能够让他们联想起自己的人。优秀的销售人员也会这么做。

如果对方有同样的心路历程和目标，你就更容易获得认可，被否定也就不太可能了。一对一劝说的原则也可以用在写作中。你的读者如何才会赞同你？展示你们之间的相似性，这么做很有用。你了解到，你们俩都喜欢狗，这听起来虽然微不足道，但或许会为你们建立更有力的联结打下基础。

你可以把这些办法用在一些简单的事情上，比如发邮件给你想见乔纳·伯杰的说服技巧有哪些？

乔纳·伯杰是宾夕法尼亚大学的教授，也是《疯传：让你的产品、思想、行为像病毒一样入侵》（2013）和《传染：塑造消费、心智、决策的隐秘力量》（2016）的作者，以下是他最喜欢的说服策略：

> 模仿是非常有效的办法。如果两个人拥有同样的小动作、身体姿态，甚至使用同一种语言，便可以建立信任和融洽的关系，也会增加说服力。某人给你发邮件，用的是你常用的"嗨，×× "，而不是"嘿，×× "或"亲爱的×× "，你对他的好感会提升，觉得亲近。要让对方看到他们所期望看到的，让他们知道你就是这么做的。随后，表现出你想让对方模仿的行为，或表明某个地位很高或品性纯良的人也在这么做。"猴子看，猴子做。"这句话很有道理，但千万不要忽略"看"的部分。事物越容易被看到，就越容易模仿。所以，善用这一点。想让孩子多吃蔬菜，让他们看到你也在吃。想劝说人们为民主党投票，那就让他们看到，他们仰慕或认识的人正在投票。

的人，分享一些能引起对方共鸣的事。或许你们在大学期间都打过曲棍球，可以主动谈谈。如果你表现出理解对方的某些方面，便表明你尊重对方，你们在某些方面是相似的，这样一来，你从对方那里问出些东西的可能性就会大大提升。能做到这一点，再提要求也不迟。面对他人提的请求，我们会本能地想要答应。这样做是出于友好的目的，也是为了避免产生对峙的局面。

即使对方没有对我们提出请求，我们也会回应我们喜欢的人。我们喜欢被恭维，喜欢被夸赞，喜欢得到他人的正面评价。加州大学伯克利分校的教授詹妮弗·查特曼（Jennifer Chatman）发现，只要听着不虚假，那不管恭维到什么程度，对方都会欣然接受。这样做，你就能得到你想要的。恭维甚至不必是针对个人的。2010年在香港的一项研究中，研究人员给学生分发传单，上面写着"我们之所以与你接触，是因为你很时尚"。学生们心里知道，这样的行为与主观情感无关，这种传单的目的只是为了让他们走进店里购物。但调查结果表明，那些接收过传单的学生比没接收过的更喜欢那家店。适当的恭维会给人良好的感觉，让他们更愿意在其他事情上与你达成共识。如果你赞美了某人的领带，那他可能会在公司战略计划的事情上支持你。

和所有人一样，我也喜欢恭维。刚到《纽约时报》社论部门不久后，我收到什穆里·赫克特（Shmully Hecht）寄来的一封信——不是电子邮件，是纸质信件。赫克特是一名犹太正统派拉比，是耶鲁大学"Shabtai犹太协会"的顾问和创始人之一，这个协会致力于将各种各样的人聚集在一起。他邀请我在他们的一次晚宴上讲话。当时的我还不知道他是谁，也不知道那个组织是做什么的。在工作更加得心应手之后，我去很多大学和组织机构演讲，跟大家讨论如何写社论文章，以及我们媒体人想读到什么样的东西。但在当时，收到什穆里信的时候，我对这一行还很陌生，完全不知所措。但我还是给他打了电话。我觉得自己之所以会去，是因为我总是乐于去纽黑文，那个我度过自己20多岁时光的地方。更重要的是，什穆里说我的前辈大卫·希普利（David Shipley）也曾参加过，他的参加使晚宴很成功。我很敬仰大卫，我想，如果他去过，那我也应该去。然而在去纽黑文的路上，我又开始责怪自己为什么要答应前往。不过至少我拒绝了对方在那里过夜的提议，所以还好，应该很快就会结束。令我惊讶的是，那顿晚宴确实很有趣。大多数谈话都很有启发性，我在那里很开心。

从那趟旅程中我学到几件事。

首先，恭维是很有用的。什穆里也明白，如果他让我觉得这次晚宴对一个编辑来说很重要，我便会更容易答应。他明确表示，我的参与对学生来说很有帮助，他知晓社论编辑究竟是做什么的。不过，恭维也要有前提，即恭维的话对接受者来说是真实存在的、有意义的。如果你正在尝试劝说编辑读你的文章或书，可以向对方表明你了解他们的具体工作内容。如果对方主要编辑政治类非虚构作品，那就别问他是否想看看你写的拳击类文章了。

其次，永远不要带着预设面对对方。什穆里是一位正统犹太教徒、哈巴德拉比，遵循着古老的犹太教传统——男人不能和亲属以外的女人有肌肤接触，我们见面时，他甚至不能与我握手。不过，我们还是成了朋友。

最后，永远不要搭一个没有一起旅行过的人的车回程。我不记得那位开车送我回家的先生叫什么了，也不想知道。我只记得，到家后，我觉得自己身上发生了奇迹——坐了世界上最糟的司机的车，居然能死里逃生。

第九章 "利用"感情

有一天,我收到时尚记者亚历克斯·威廉姆斯(Alex Williams)的一条短信,他说他的姐夫保罗·卡拉尼什(Paul Kalanithi)被诊断出患有癌症,想写一篇文章找我发表。我没有抱太高的期望,平时我也会读很多同事介绍来的稿子。但对同事以礼相待总不会出错的。

收到他的文章时我发现,这是一篇近乎完美的文章。卡拉尼什是一位医生,30多岁,他发现自己得了肺癌,而且癌细胞已经扩散。由于职业的便利,他能够看到自己的肺部扫描图,他发现,自己可能时日无多了。他习惯了看其他病人的扫描图,然后向他们传达坏消息。但这一次,他看着自己身体的扫描图,告诉自己:你快要死了。如果回复他"我'很喜欢'你的文章",似乎太愚蠢了。对于他的悲惨遭遇,我觉得自己做不到感同身受,似乎也无法准确捕捉到自己对作为写作者的他的钦佩之情。

我做了一些小修改。他没在文章里表达自己的伤感,而是针对世人对死亡的普遍恐惧表达了自己的观点。他认为,我们每个人都需要尽可能地活得充实。在编校和事实核查的过程中,保罗尽可能地为我们提供了帮助,对即将向全世界宣布自己癌症晚期的他来说,能做到这一点十分难得。这篇文章发表后极受欢迎。保罗还为作品《当呼吸化为空气》(*When Breath Becomes Air*，2016)写了大部分内容，他在书中讲述了自己作为医生的执业经历和成为病人后的经历，他去世之后，他的妻子完成了这部畅销书的其余部分。

无论你的目的是鼓励他人活得充实、找到生活的意义——比如卡拉尼什医生——还是想兜售一项服务，或针对税收这类世俗事务发表自己的观点，如果你想变得有说服力，那你就必须与受众建立情感联系。

我们现在假设，你已经做了充分的调查。对你想要接触的受众，你已经有了一定的理解，你坐下来，写下你确信会成为强有力的辩词的文字，无论你想写什么——也许是处理气候急剧变暖背景下应对火灾的方式，也许是针对大学给予运动员优先录取权发表的见解——这些东西都不是自说自话，你要学会"利用"感情，以此来"操纵"你的受众。

这么说似乎有些粗鲁。但"说服"确实是一种"操纵"，这是颠扑不破的真理，对此，你无须感到惊慌。如果能事先了解人们爱什么、恨什么、青睐什么、害怕什么，就能够通过引发他们的同理心来获得他们的肯定，进而达到我们的目的。

能够触动我们真实情感的文章，往往在新闻网站上极受欢迎，在社交媒体上的传播也更广泛。有时候，这些文章触及了很多人都经历过的挫折；有时候，这些文章能唤起人们内心深处的温暖与柔情。

问问最优秀的广告商你就知道了。Seamless 这款外卖软件的地铁广告投放做得很有趣、很成功，洞悉了纽约人的内心情感——他们会在地铁里看广告，会对车次延误和拥挤感到沮丧，他们渴望回家。Seamless 的广告标语包括"别说等位了，连红灯都不用等"以及"纽约有 800 万人，我们帮你避开人群"。

为了推销自家的安卓手机，谷歌投放的广告"永远的鹏友"①达到了病毒式的传播效果，打得一手好情感牌。该广告展示了不同种类的动物，一对一对，令人意想不到的组合——狗和大象、犀牛和羊——在一起玩耍闲逛。人们记住了这则广告，还想与他人分享，因为这则广告令人愉悦，让人生发对生命的感激之情。

愤怒是另一种可以加以利用的强有力的情感。在《纽约时报》的一篇文章中，作者金·布鲁克斯（Kim Brooks）讲述了自己因跑去一家商店取东西、把孩子独自留在车里而被捕的事情。既要工作，又要照顾孩子、维持家庭正常运转，这是很多当代女性生活的真实写照。社会期望一个女人有三头六臂，能够同时搞定这些事情，甚至无须离开孩子一分钟，这种想法实在令人愤怒。

如果你能唤起读者或观众的内心情感，你就可以施加影响了。有的作者会在文章中压抑自己的情感，觉得这样会使他人认真对待，其实这是一个误区。曾有一位作者对我提到他的德国同胞对希腊人近乎种族主义歧视的不尊重，当时，希腊正面临着可能危及欧盟的财政问题。我能感觉到，他描述时的情感十分饱满。但收到成稿后我们发现，大部分情感都消失了。我们敦促他找回那种情绪，而他也确实那么做了。人们得以借他对同胞的不满之情参与到争论中，让这篇文章在当时许多关于希腊财政危机的文章中脱颖而出。

情感的作用远不限于帮助我们写作、演讲。情感能够驱动我们得出合理的结论，从某种意义上来说，这种结论实际上只是证实情感正当性的理由。阿莫斯·特沃斯基（Amos Tversky）和丹尼尔·卡尼曼

---

① "Friends Furever"，广告呈现了动物之间的跨物种友谊，传达出"和而不同"的概念。此处翻译用谐音字处理为"永远的鹏友"。

（Daniel Kahneman）曾针对人们做决定的过程，进行过一项颇有影响力的研究，揭露了所谓"完全理性的决定"究竟意味着什么。许多我们在购买时做出的选择证明了这一点，选举行为也一样。通常，在选举活动中，人们会先跟着感觉走，随后为自己的行动和信仰找出能够自圆其说的理由。唐纳德·特朗普就是个很好的例子。竞选总统时，他充分利用了人们的情感，利用了人们急需发泄的愤怒。"多亏"了这些情感，一些选民最终将票投给了一个在政策上对他们不利的人。特朗普发表过很多积极的言论——比如"让美国再次强大"——而他的根本策略，实际上是在唤起那些觉得自己受到其他种族、国家、女性威胁，从而变得边缘化的群体的同理心，他证实了这种情感的有效性。

或许这些人想要的是一个强大的"父辈"，一个有力量的、果敢的领导人，这种愿望促使他们把票投给了一个后来什么都没为他们做的人。他们不是被理性，而是被感觉所引领。心理学家将其称作"心理捷径启发法"——指的是一些我们用来快速做决定的原则，即便是在复杂的事情上。问题在于，那些我们每天都会接触到的所谓的"启发"有时也会引导我们做出不合逻辑、不合情理的决定。

有时候，文章里的强烈情感会对文章的发表有帮助，因为编辑理解了这种情感，还被感动了。我记得之前曾收到过旅游作家保罗·塞洛克斯（Paul Theroux）的一篇文章，文章讲述了美国的公司为了在中国寻求更廉价的劳动力而放弃美国南部各州，给后者带来了负面影响。而令塞洛克斯感到不安的是，那些批准了这些举措的富有的首席执行官，却试图转身"帮助"南方的穷人。我对他在文章中表达出的热烈情感做出了回应，他的情感，让他的文章在那些用干巴巴的分析来讲述同一件事的文章中脱颖而出。

在社交媒体上，情感类故事的传播最广泛。情感也是大众娱乐的核心。《我们这一天》(This Is Us)里有我最喜欢的电视剧场景之一，里面提及了一个如何利用情感的大师课程。男主人公杰克想给妻子和三个孩子买一辆车，但他买不起。他问销售人员，能否去办公室私下聊聊，随后杰克对销售人员详细描述了自己的家人未来在那辆车里的样子，他们的生活会如何展开，他讲了一个故事，言辞充满深情。不出意外，汽车销售员答应杰克帮他想办法。销售员被杰克带进了联结关系中，他感受到了杰克的心情，他想要帮忙。当然，这个场景带有一些喜剧色彩，按照常理，本应是汽车销售员利用顾客的情感来说服顾客买车，但电视剧里反过来了。

有时候，即便你的文字不是坦率的抒情的文字，也可以利用情感来写。普利策奖得主、艺术评论家杰里·萨尔茨（Jerry Saltz）曾为《纽约》杂志写过一篇文章，回顾了自己作为艺术家而非艺术评论家的那段生活。在我看来，萨尔茨写的实际上是进行艺术创作后放弃的感受，这篇文章打动了千千万万来到纽约，下定决心在艺术上闯出一番天地的年轻人，不管他们从事的是戏剧、写作、舞蹈还是绘画。萨尔茨写下了自己当年发愤图强、被意念驱使的感受，以及最后无法继续下去的心情。他直言不讳，将失败的感觉清晰地分享给读者。

你可以利用唤起人们的负面感受来达到共情的效果，比如悲伤、痛苦、懊悔，但你得记住，人的天性还是更倾向于乐观的。即便遭遇可能需要重新评估的境遇，我们也依然乐观。伦敦大学的认知神经科学教授塔利·沙罗（Tali Sharot）做了一项研究：19名志愿者被要求评估自己在未来会经历80种糟糕事件的可能性——比如患上阿尔茨海默病或被抢劫。被试者回答问题时，研究人员利用核磁共振扫描他们的大脑。随后，沙罗和她的研究团队向被试者展示扫描后的研究数据和现实层面上厄运发生的概率。随后，研究人员再次要求被试者评估自己身上发生这些厄运的可能性。这一次，研究人员发现，当研究数据指向积极方向时，参与者往往会修正自己的估计；而当研究数据指向消极方向时，被试者往往不会做出更加消极的估计。与此同时，被试者还对自己的寿命做出了，过高的估计。核磁共振成像显示，他们的大脑将坏消息简单化了甚至将其忽略。值得注意的是，即便是那些对世界持悲观态度的人，仍对自己的生活持乐观态度。

大多数人都会超越事实地乐观，我们也因此容易低估失去工作、离婚或被诊断患癌症的可能性。保持乐观——或者说一定程度上的抵触现实——是一种进化优势。乐观的心态能让我们在精神上更愿意冒险去探索世界，更愿意承担风险、相信未来。（但也会让我们在现实层面上变得有些愚蠢，该做的不做，比如为退休储蓄、做肠镜检查等令人不快的事情。）如果一个人总是过于担心危险和威胁，那就很难开展正常的工作和生活。对此，秘诀在于，一方面要保持警惕，但又不能故步自封。契诃夫的戏剧作品《樱桃园》（*The Cherry Orchard*）或许能够给所有人以启发——剧中的人物因不愿面对现实而变得呆板固化，只能被动地看着家族财产渐渐流失。

你在写说服性文章的时候要记住，恐吓和消极是不符合人类本性的。我们天性乐观，对积极信息的反馈通常要好于对消极信息的反馈。烟民戒烟并不仅仅是出于对健康问题的恐惧，也是在赶时髦，他们希望自己与那些不吸烟的朋友保持同样的步调。

激发人们的羞耻和恐惧感，往往是环境保护运动中常用的敦促人们改变习惯的手段。然而，给予人们负面信息实际上是没用的，只会让人感受到威胁，从而远离这些事情，被推得远远的，只专注于自己的小生活。从长期来看，效果很难说。挪威心理学家佩尔·埃斯彭·斯托克内斯（Per Espen Stoknes）所著的《当我们不去思考全球变暖时，我们在想什么》(*What We Think About When We Try Not to Think About Global Warming*，2015）一书中提到，人们不想反复听那些关于世界末日的说法，尤其是在没有明确敌对势力的情况下。那些试图在气候变化问题上采取行动的人需要平衡解决措施带来的威胁和个人选择之间的矛盾。人们需要听到的是，针对全球变暖每个人能够采取什么行动。持相同观点的作家不止斯托克内斯一个。在一项研究中，几位心理学家在网上招募了一些人，让他们在环境友好型和不友好型之间做出选择——比如购买低能耗冰箱。被试者做选择时，在环境友好型情境中的人能在电脑界面上看到一句话："记住，你可能会因自己的决定感到自豪。"另一些人看到的则是："记住，你可能会因自己的决定感到内疚。"大体上，那些联想到"自豪"或得到"自豪提示"的被试者更有可能选择环保电器。人们需要听到积极的话语，不想让自己感受到内疚或绝望的情绪。

在写作或谈话中，如果你能让其他人处在乐观的情绪里，他们就更有可能用心听你说话。"恐惧"确实有力量，但"希望"也有。慈善机构的筹款人很懂得这个道理。那些懂得强调幸福快乐结局的人——即便是在为某种严峻的形势筹集资金——通常会做得更好。耐克没有用"如果不运动，就会死"来劝诱人们运动，而是讲述那些通过运动改变自己命运的人的故事——截肢的马拉松运动员、游泳的八旬老人，等等。如果慈善机构能够给人带来希望，捐款就会增加。讲述集中营、大屠杀的书籍往往卖得不好，但如果能宣扬其积极的意义——《动物园长的夫人》(*The Zookeeper's Wife*，2007）或《辛德勒的名单》(*Schindler's List*，1982）里出现了拯救犹太人的基督徒——就很受欢迎，因为它们呼应了人们对幸福结局的渴望。我儿时最喜欢的《安妮日记》(*The Diary of a Young Girl*)，也根植于积极的人生观，故事植根于安妮的心灵世界，而非现实世界里的集中营。

所以，你在写作时，要理解人类倾向于积极和肯定的心理倾向。当你试图接近他人的时候，要试着说一些正面而非负面的话，因为对方更容易接受正面信息。如果想达到劝说的目的，则要抛开那些令人沮丧的、悲伤的人物形象。贬低、取笑或令人感到羞辱、内疚，是没有用的。所有人都需要鼓舞的力量。

第十章　共情的力量

长岛高速公路上，一辆汽车插到了我们前面。

"我恨死这些要命的司机了。"丈夫说。

有些堵车。天气还很热。前方落日的光线射进来，让我们一直眯着眼，有些眼花。我丈夫紧张、气恼，我也因为他的情绪感受到了压力。我有些生气，为什么他不能看开点，让自己放松点。

"你为什么反应这么大？"我回击道，"你的样子看起来特别傻。我们不会迟到的。你在焦虑什么？"

"让我安静一下！"

你觉得上述情境似曾相识，因为这种情况常常发生在夫妻或其他家庭成员之间。如果你也经历过，你会知道，我当时说的话会让事情变得更糟糕。

如果我想让丈夫冷静下来，我应该理解并同情他挫败的心情，告诉他我也这样觉得，而不是跟他对着干。我本可以换个话题，比如找一个他喜欢的政治类播客节目，至少找一个讲述同样挫败感的节目。播放古典乐也行，或者找一首他喜欢的那种晦涩难懂的歌曲，比如加文·布赖尔斯（Gavin Bryars）的《耶稣之血从未令我失望》（"Jesus'

Blood Never Failed Me Yet"）。只要能把他的注意力从我们的目的地曼哈顿移开就好。

我们凭直觉就知道，说教和威吓只会引起对方的反抗，而非顺从。多年来的心理学研究也证明了人类具有这种天性。你不能强迫他人同意你的观点，或者改变他们的行事方式。你唯一能做的，就是试着施加影响。除非你有充分的理由，否则，说服别人通常意味着要以一种几乎无迹可寻的暗示的方式——而非命令——来提出建议。

当有人说自己正在努力减肥时，你不要说："少吃点。"但你可以说："我妻子之前也在减肥，她停掉了小麦和奶制品。"这样说能够表达出自己的支持，可能还会增加说服力。有时候，说话委婉一些有好处，没有人愿意听"你应该这么做"这种话。

无论是写还是说，你都得了解自己的受众是谁，了解他们的年龄、受教育水平、价值观。共情即是感他人所感。当你理解对方的感受时，你就能凭直觉推断出自己该采取怎样的行动。

亚历山大·蒲柏（Alexander Pope）的《天地祷者》（"The Universal Prayer"）一诗经常被引用是有原因的：

请指引我感知他人之痛苦，

而非他人之过错；

予他人仁慈，

便是对自己仁慈。

共情有正面的，也有负面的。它是一种工具，可施以慷慨，也可用来嘲讽。康奈尔医学院教授、精神病学家理查德·弗里德曼（Richard Friedman）经常为《纽约时报》撰稿，据他所说，许多人对共情有误解，他们认为共情意味着认同他人，对他人经受的痛苦感同身受。但实际上，共情意味着对他人精神层面的理解，意味着深入他人的内心。杰出的政治家、煽动者以及精神病人通常都拥有强大的共情能力（优秀的精神病学家也一样，我觉得理查德就是一个）。他们会让对方感到被理解。共情可以是积极的，也可以是消极的，这由人的"道德罗盘"决定。不管是积极的还是消极的，共情都能在人与人之间制造沟通与联结。

我希望自己能在我哥哥在世时，就理解共情的力量。我的哥哥德克毕业于普林斯顿大学，拥有经济学博士学位，是个愤世嫉俗又充满生命力的人。儿时我们很亲密，事实上，我幼时学会的第一句话就是："我要找德克。"但是30多岁后，我们渐行渐远，很明显，他觉得我很讨厌，不值得他浪费时间。早年间，他在学术和体育方面颇有建树，后来逐渐厌世，更喜欢和妻子、孩子待在一起，去林间散步，或和狗玩耍。周围的大多数人似乎都令他很失望，包括我在内。40岁以后，我们之间的关系正式破裂。当时我正在处理母亲遗嘱的各种细节，而他觉得我太迟钝，没能在母亲离世前及时将她的车过户，好送给一家需要车的亲友。

从那以后，我们便很少说话了。我去探望父亲的时候，父亲总是会给德克打电话，然后赶紧将电话递给我。父亲想补救我们之间的关系，父亲在俄亥俄州的马里塔市长大，当年，父亲的母亲就从不跟自己的哥哥说话，即便两人就住隔壁，这让父亲觉得很懊恼。如果当时我懂得共情的力量，可能会跟哥哥说："对不起，我可能让你失望了。我已经尽力了，请原谅我。"如果我能试着去理解他，或许就不会失去他。如果我这么做了，我们就不会失去联系。但我没有，因为一直以来十分敬重的哥哥这样排斥我，令我十分伤心和恼怒。我陷于自己的痛苦之中，却没有理会他的痛苦。我不相信自己能够真心实意地道歉，但如果我那么做了，给他一个台阶下，就有可能重建我们之间的关系。

如今，共情变成了一种日渐式微的艺术。近些年的一些研究表明，儿童和青年人都不如十年前的人有同理心了。在指责年轻人之前，你或许可以细想一下我们在文化上的转变。在 Twitter 这类社交媒体上，整日充斥着口水战、谩骂和争斗，这似乎加剧了人们的一种感觉，即这个世界充满了冲突，而非同情。有研究表明，如果某事激起了人们的恐惧，就会相应降低人们的同理心。但如今，仅仅是网络生活的经验似乎就能够降低同理心。观察他人的时候，我们大脑中的神经元会被激活，让我们产生共情。而如今，太多人长时间盯着屏幕，处理多项任务，这一神经活动的过程可能会被打乱。注意力越分散，我们就越难去关注他人的所言和所感。现在，专注变得稀有，也变得越来越有价值。

即便你不同情某些以某种方式思考的人，也要试着理解，是什么促使他们坚持自己的立场。可以问问他们为什么会这样想，去理解他们相信某件事的原因。如果你想让对方感到安全，减少他们的敌意，就要考虑一些开放性的，甚至是试探性的词语，别让对方感到自己被控制、被主导。我们都需要被倾听的感觉，如果你表现出了尊重，你的受众是能感觉到的。克里斯汀·科玛福德（Christine Comaford）是一名创业教练和创业家，她提倡使用"如果……会怎样""我需要你的帮助"以及"如果……会有帮助吗"这类句式展开谈话，这些句式均聚焦于解决方案，把对话引离类似"谁在上风谁在下风、谁对谁错"的争执。这样的陈述能够激发安全感、归属感和认同感。

这样一来，也能够避免你的表达太过"确定"，从而让你的受众产关于提升共情能力，纽约精神病学家理查德·弗里德曼建议这样练习：

- 对你的交流对象进行仔细的观察，找出对方所说或所做的一件你不同意、不喜欢或不理解的事情。
- 思考对方为什么会那么说或那么做，给出两种不同的解释。
- 让对方尽可能多地告诉你他的经历，这个时候先不要说你的感受，无论是积极的还是消极的。这样做是为了让双方思想互通，便于互相了解。这是获取数据的阶段，先保留想法，之后再说。
- 现在，你可以更好地理解为什么对方会有这样的想法或行为了吧？如果还不能理解，那就继续努力，你迟早能够达成这一目标。

生抵触心理。然后，你可以尝试劝服一个人或一群人，接受其他可能正确的观点和做法，而非尝试让对方说"我错了"。没有人希望自己对某种信仰的坚持是错误的，自尊心不允许我们接受这一点。

但是，你能提高自己说话或写作的水平让自己变得更有同理心吗？你可以从审视自己的刻板态度开始。肖恩·布兰达（Sean Blanda）是一家互联网创业公司的员工，他经常和朋友们一起玩一个叫作《争议》的游戏。在游戏过程中，你不能争论，只能询问为什么其他人会这样想。这种练习能够帮助我们获得同理心。保持沉默、不评头论足的态度能够帮助你理解你的受众、朋友、伴侣内心的感受和恐惧。

对方是真实存在的人——如果你接受了这一点，你就不得不接受，自己可能是错的，对方有可能是对的。正如布兰达所说，表现同理心

> 肖恩·布兰达的同理心游戏：
>
> 在《争议》游戏中，你不能争辩，只能问为什么对方会这样想。不要抱着想赢的心态去说服任何人相信你的观点，这不是一个"得分"的游戏。听到不认同的观点或事实时，不要满脑子都是："大错特错！"你可以这样想："嗯……或许那个人才是对的。我可能得再好好调查一下。"
>
> 布兰达注意到，当他和亲密的朋友在一起时，如果有人持不同的观点，他们可能不愿直白地说出来。所以，这个游戏的真正目的就是向人们展示，他们所处的团队并不像他们想象中那么"同质化"，如果某人不喜欢团队中的某个想法，这个人依然可以舒服地待在团队里。布兰达解释说，他在 Medium 网站写文章解释了这款游戏，已经获得了 400 多万的阅读量。他认为，尽管人与人的差距甚大，但他们依然能够意识到人际关系存在可改进的空间。

不仅仅是一种帮助你与对方建立联系的技巧，也是一种对你自身来说有利的转变。有了同理心，你就有了改变自己想法的可能性。

对那些试图从恐怖分子、犯罪分子以及其他不想沟通的人的口中获取信息的人来说，与对方建立融洽的关系很关键。在很多情况

> 关于如何让犯罪嫌疑人开口，两位研究人员的研究结论是：充满敌意的态度无法让嫌疑人开口，而建立融洽的关系能成功获取信息。下面记录的是一名审讯者和一名嫌疑人的会面。
>
> 审讯者是这样开始的："我们逮捕你那天，我相信你当时有杀害一名英国士兵或警察的意图。我不知道具体发生了什么，为什么你觉得有必要这样做，或者你想借此来达到什么目的。这些事情只有你知道，如果你愿意，你会告诉我；如果你不愿意，你就不会。我不能强迫你告诉我——我不想强迫你，但我希望你能帮助我理解这件事。你会告诉我发生了什么吗？"审讯者打开笔记本，给嫌犯展示——上面什么都没写。"你看到了吗？我什么问题都没准备。"
>
> "很好。"嫌犯说道，"因为你对我既体贴又尊重，我现在就告诉你。但这只是为了帮助你了解这个国家到底发生了什么事。"

下，同他人交谈并不利于一个人的利益，但最后他还是会开口。艾米丽·埃里森（Emily Alison）是一位法律顾问，劳伦斯·埃里森（Laurence Alison）是利物浦大学的教授，这两位英国研究人员在听了数百小时犯罪嫌疑人的审讯录音后，研究了审讯人员设法让嫌疑人开口的方法，总结出了哪些审讯方法有用，哪些没用。有一个结论很明显：咄咄逼人、施加压力、严厉地逼问是行不通的。只有尊重、表达出自己想知道真相的态度并对犯人的人身权利表示关心，才能起作用。

一旦建立了联系，对方就会想说话，想讲出自己的故事，想进行解释。想建立这种关系，你就不能带着偏见行事，不能怀有哪怕一点试图控制对方的想法，你得建立一种"伙伴关系"的氛围。

> 如果我和我丈夫能够这样对话，效果可能会好很多：
>
> 汽车行驶在长岛高速公路上。
> "我恨死这些要命的司机了。"丈夫说。
> "我懂。我也快疯了。堵车了，该怎么办？"
> "不知道。我们快迟到了。"
> "我来查查地图。啊，你知道吗？咱们不会迟到，即便堵车也不会。听点什么吧！广播还是播客？"
> "那个喜剧节目还有吗？"
> "嗯哼，有。我找一下。"

写作也一样，永远不要把读者当成敌人。不要进行道德层面的判断。如果是一对一的交流情境，你要清楚，对方并不欠你的。上面提到的两位研究人员发现，当审讯人员强调嫌疑人有沉默的权利时，嫌疑人更有可能敞开心扉。

现如今，政治话语体系基本没有什么同理心可言，想找到一篇具有同理心的文章很难。即便是巴拉克·奥巴马，当然，还有马丁·路德·金，在谈论美国属于我们所有人的时候，听起来也会怪怪的。左派和右派抱团严重，加上同理心的缺乏，已经导致了分裂和危险。

所以，不要站队、抱团。不要给他人施加压力。如果你在写作，就要表现出你是理解读者的，你能感受到他们的情感，与其否定别人的情感，不如让这些情感成为你的中心论点。

如果你在和某人会面，可以让对方发言。如果你秉持对抗性的态度或试图控制对方，你只会被"推"回去。

如今，开车旅行时，我不会再习惯性地把问题放大，与丈夫争吵。除非觉得自己的生命处于危险之中，否则我会尽量压抑自己挑剔、焦虑的那一面，忽略他对交通状况的反应。我会读一读邮件或书，直至他的挫败感随着堵车一起消失。

第十一章　不要争论

　　我讨厌晚宴上的政治性争论。我曾很好奇，自己为什么能够既喜欢观点，又讨厌那些无休无止的争论。有一件事我记得特别清楚，我的两个好朋友在人们是否应该使用食品券购买饮料的问题上持完全相反的意见。其中一位是纽约市卫生局的忠实拥趸，提倡健康生活。他认为，在政府的支持下，应该限制人们购买饮料，这是改善国民健康的一种行之有效的方法，同时也不至于剥夺人们的其他选择。另一位朋友经营着一个帮助全球穷人的非营利组织，他则认为，对民众应该食用什么、不应该食用什么做出规定是不公平的，是精英主义的做法。

　　我并不质疑他们内心的正直和善意。但他们争论的声音越来越大，几乎是在争吵了，我退了出去，去厨房洗碗。即使在水槽边，我也依然能够听到他们的声音。他们至少吵了15分钟，我简直受不了了。

　　实际上，我的客人们只是在表演，他们也许不指望能改变任何人的想法。而且，他们十有八九是喜欢这种表演的，可能也有人喜欢看。在我眼里，在过去几十年的晚宴和家庭活动中，很多人可能是"酒壮尻人胆"，三两杯酒下了肚，觉得自己可以通过辩论，把周围的观众说得心服口服。

实际上正好相反。你不会想"正面迎敌"的。

大多数时候，如果你争辩，你会惹恼别人，让对方觉得自己受到打击，觉得被冒犯，甚至更糟——让对方感到厌烦。你试图说服的人也会跟你一样开始争论，双方的声音会越来越大，随即陷入僵局。你见过两个司机吵架吗？我总是担心他们接下来会升级到肢体暴力。双方都想占上风，只能彼此寸步不让。

当争论变得激烈，双方怒火熊熊的时候，是肯定不会有积极的结果。你口无遮拦地告诉你姨妈她是个傻瓜，说出这句话的时候你可能已经丧失理智了，因为这句话也失去了使事情取得任何进展的机会。不要轻视任何人。这个道理是显而易见的，但一个人心烦意乱的时候，可能很容易就脱口而出"你这个白痴"之类的话。这么说你会觉得爽，但这只会增加你与对方之间的距离。如果你的情绪太激烈，别人会疏远你。你可能会激发对方的情绪反应，从而使对方把你拒之门外，而这恰好是你最不想要的。愤怒只会带来愤怒，不管是你的，还是对方的。

我并不是在说，愤怒的辩论术在公共讨论中毫无立足之地。有些观点的表达会激起人们的愤怒和骚动，有些观点的表达是为了说服。如果你的目标是前者，那尽管去做，但不要奢望让任何人站在你这边。当然，如果你正处于一种需要辩论的情境中，比如大学辩论赛、小组讨论，那也没问题。不过，即便在这些情况下，你也不会想让自己变得咄咄逼人，甚至上升到人身攻击，你的目的只是"说服"。

有趣的是，有研究表明，人们面对挑衅时是不会改变主意的，反而会更加坚持自己相信的事情。

读到这里时，你可能会摇头否定，你会想起一些知名的专栏作家，假设你去拜访你的妈妈,她说:"我好喜欢本·卡森。"而你认为本·卡森——这个曾竞选共和党总统候选人失败、后来进入特朗普内阁担任住房和城市发展部部长的神经外科医生——是个白痴。但这是你妈妈,你不会觉得她也是个白痴,对吧?所以,你不能发表任何负面评价。你只能事先打好基础,让她下一次在电视新闻里看到本·卡森时想到你说的话,能够稍稍动摇她的立场。你们的对话可能是这样的:

"我觉得他好棒。"妈妈说。

"哦,有意思。跟我说说你喜欢他哪里?"

"他是个坚韧不拔的人。他是非裔美国人,读过耶鲁大学,后来成了一名外科医生。真是令人印象深刻。"妈妈回答。

"他在住房和城市发展部做了什么让你特别欣赏的事情吗?"

"哦,我不知道。我不知道他在住房和城市发展部都做了什么。"妈妈回答。

"他不坏,但他从没做过一件能够证明他可以经营好房产事宜的工作。甚至连他自己也承认,他觉得脑部手术比住房和城市发展部的工作更容易。"

妈妈大笑。

甚至唐纳德·特朗普，他们对世界采取的就是一种"好辩"的姿态，而且很成功。他们证明了愤怒是一种强有力的情感，你可能会觉得，激发公众的愤怒能将你和他们联结在一起，也能给你的写作注入激情。但是，永远不要和你的读者或观众争斗。愤怒需要形成一种联结，而非成为一堵高墙。以愤怒作为手段的领导者和作家只想与他们的追随者，而非反对者对话。这很好。但这是另一个层面的事情了，这不是"说服"。同样的道理也适用于那些喜欢大声争吵的男性主导的电视节目——大多数是男性嘉宾——这种节目观众很多，大家似乎都很喜欢，我丈夫就是观众之一。对他来说，那些节目和体育比赛没什么两样，甚至更好看。我承认那些节目对某些人来说具备娱乐性并能获得情感上的满足——但它们不会让人们反思和改变自己的想法。

我们都知道演讲或电视节目里的争论是什么样子的。那么写作中的争论呢？对我来说，任何对他人的取笑都是不体面的。这样做一定会失去那些对你持不同意见的读者。写作时，不要进行人身攻击、引发他人的负罪感或进行指责。即便是以平和的态度批驳你的读者所相信的观点，用几乎能推翻他们世界观的事实打击他们，这样做也行不通。社会科学研究一次又一次地表明，人是不会被事实说服的，尤其是当事实作为争论的一部分出现的时候。

我们要承认其他人的优点。你想要的是被倾听，而非赢得每一次"比赛"。你希望你的听众和读者足够开放，能够听取不同的观点。所以，无论是面对面、在社交网络上，还是在出版物上，不要秉持"比赛"的心态。如果一篇文章依据我的性别、地域或收入来判断我，我会立即停止阅读。对人一概而论是写作中展现敌意的首要方式。"所有穷人都很懒、所有白人都很坏；男人是捕猎者，女人则是善良温柔的……"如果作家们持类似的立场，就会激怒他人，令人反感。

第一步就是敞开心扉。如果秉持着"争论"的心态，那你一定做不到这一点。

要对他人的观点表现出尊重，不要高高在上，这会让人觉得你在表达蔑视和愤怒的态度。与其争论，不如寻找彼此的共同点，让对方觉得所有的好主意都是他提出来的，还要表现出谦逊的态度，哪怕这对于一个执迷于某种观点的人来说可能有些困难。

我们来做个假设：你正在写一篇文章，你认为纽约市应该对Uber（优步）这样的汽车服务做出限制。你要先承认，确实有些住得离曼哈顿比较远的人很难找到合适的出行方式；也要承认，你可能无法给出所有的合理建议，但你能提供部分建议。你要表现出，你对自己的立场也持一定的怀疑态度，暗示它们或许不是百分之百正确。如果人们不需要为每一件小事奋起抗争，他们的精神就会放松下来。我了解这一点。

我在工作中和人打了几十年的交道，这也让我发现，在日常生活中，当我说"我不太确定，你是怎么想的"时，对方通常都会给出很好的回答。所以，不要教条，尽量为他人创造选择。相比说"我想让这篇报道登上星期日的头版"，我可能会说，"我喜欢这篇关于注意缺陷障碍的报道，我想让它登上头版。但你也可以有其他选择。所以如果有人给你提出了更好的条件也无妨，请让我知道"。这样一来，你就给了对方对话的空间，你也表达出了这样的意思："我有这样的计划，但可能不甚完美，我想知道你是怎么想的。"

人都喜欢那些不会因学识渊博而自觉高人一等的人。自觉"高人一等"的炫耀其实是另一种形式的战斗和侵略。如果你太过自信，会给人留下自命不凡的印象。但如果你对自己的陈述做出限定，跟对方说"哦，有可能……"，你看起来就不会像一个无所不知、战无不胜的人。你不想制造一种会使沟通停滞的局面，你想让交流继续下去，想让对方带着有用的观点回来。

　　你可以表现出自信，但傲慢要不得。人们愿意相信科学家，你也可以使用科学家的工具——比如图表和数据图，让自己看起来更值得信任。当然，人和人不一样，有人可能不喜欢这种工具，但我知道自己会受数据和表格的影响。多年以来，我一直知道自己胆固醇有点高，但直到去看了一位新的医生——他抽了我16管血，制作了好几页图表——我才开始认真考虑戒掉吃巧克力冰激凌的习惯。对我来说，图表上那一长串表示炎症的红线给我的震撼胜过任何一项单独的数据。此后，无论什么时候吃巧克力冰激凌——当然，我还是会吃，但很少吃了——我都会想起那个图表，有时候只是路过冰激凌的陈列柜，也会想起来。医生对我饮食习惯的批评永远不会影响我，反而可能让我对着干，吃得更多。对我来说，可视化的数据更生动有力。

　　我的朋友们为政府是否应该为民众的健康饮食做出规定继续争论，我回到了聚会中。我的观点是，对用救济金购买商品的行为加以限制是合理且公平的，现如今，对糖的大量摄入成为糖尿病的首要原因，没有比"糖摄入"更严峻的公众健康问题了。我离开了聚会，没有因为他们的争论改变自己的观点。

　　而那些盘子早就洗完了。

第四部分

写作技巧

第十二章　讲故事

我长大到能够真正阅读的时候，有一天我发现了一把手电筒，并把它藏在了我的卧室里。家人睡着后，我会蒙着毯子读书，尽可能不让家人从门缝中看到光亮，通常我会读到凌晨三四点钟。我知道第二天早上学会很累，但我停不下来。我读啊读，直到忍不住睡着，手电筒从手里滑落。

即便是现在，一旦开始读一本好小说，我也停不下来——就像在读约翰·班维尔（John Banville）的《远古之光》（Ancient Light）和李·查德（Lee Child）的《邪城箴言》（Killing Floor）时一样，这是两本风格完全不同的书，我许下诺言，要在两周内读完，其间不允许自己读其他书。我被故事深深吸引，我想知道故事里会发生什么，总是克制不住直接跳到后面看结局，但只看一点点，因为我想看看自己最喜欢的角色下场是不是会很惨。

所有人都喜欢故事，都会被故事人物吸引。与读起来很乏味的事实不同，故事充满情感。如果你读了一篇分析阶级分化的文章，可能会很难理解其内容。但你看过《唐顿庄园》（Downton Abbey）这部讲述不同阶级生活的电视剧吗？这部剧非常棒（尽管这么说不够准确），我至今仍没读过关于纳粹占领法国的历史类作品，但我仍被《法语村》（*A French Village*）这部根据真实经历改编的电视剧深深吸引。即便知道里面的人物经过了艺术化的加工，不是真实存在的人，我也想一直看着他们，直至弄明白他们最后是被纳粹同化了，还是一直为国家奉献。

　　有说服力的非虚构作品也能达到同样的效果。它们能够提供人物、悬念以及某种令人满意的结论。我曾收到过一篇社论文章，作者约翰·汤普森（John Thompson）是一个被监禁多年的人，他在文章里写了自己因被指控犯抢劫罪和谋杀罪在监狱里度过18年——其中有14年是以死刑犯的身份——的经历。汤普森没有在文章一开始留下悬念，他立刻就告诉我们，他的罪名已被推翻，他已经被释放了。他谈论了自己对家人的爱，这把他塑造成了一个能够得到读者认同的角色。他描述了自己将被执行死刑那段时间的经历——他原本被安排在那一年的5月20日执行死刑，他已经接受了这件事，直至突然意识到，自己将在儿子毕业、展开大学旅行之前死去。

　　突然，汤普森意识到自己必须竭尽全力阻止死刑的执行，这样儿子就不用经历那些磨难了。他向律师提出请求，想推迟死刑的执行，律师不但做到了，还为他洗脱了罪名——经法院裁定，检察官掩盖了本可以为汤普森洗脱罪名的证据。汤普森的文章只传达了一条信息、一个论点，但他的故事生动、精彩。在《纽约时报》，我们很少收到囚犯的投稿，这类文章本身就很特别，但汤普森的文章尤其打动我。在我看来，汤普森将囚犯写成了一个活生生的人，而非统计学意义上的数字。相反，如果他写的是一篇争论错误关押之风险的文章，大概不会给我留下这么深的印象。

　　关于故事写作，有一些经典的模式。我在写作课上学到了一条最简单也最有效的方法：先让你笔下的人物爬上树，然后在30分钟内把他弄下来。

关于灾难的故事，人类面对苦难、克服挑战的故事，自我怀疑的故事，存在种种障碍但仍能建立联系的故事——这些都是我们感兴趣的。通过这些故事，我们能学到如何在自己的生活中处理类似的问题，因为所有人都经历或感受过困惑。在故事的开头抓住读者，随后你可以展开谈论更大的议题以及解决问题的方案，再然后——就像我老师说的那样，你可以让人物从树上下来了。故事能将人吸引进来，让大脑产生"联结"。神经科学研究发现，如果有人讲了一个引人入胜的故事，听者的大脑能与讲述者的大脑联结在一起，二者的脑电波活动相同。从古到今，故事一直是保存和分享信息的有效方式。总的来说，相比数据资料，我们更能记住故事。

学会聆听，你可能会听到可以在写作中使用的故事。社论部门每年都会在情人节前后举行一次聚会，举办者通常是我的老朋友盖尔·柯林斯（Gail Collins），他是《纽约时报》的一位专栏作家。参与的人有我们固定合作的专栏作家、作者、编辑，还有一些社会名人，他们或是被我们这伙人吸引，或是被我们办公室里的文件柜吸引。我记得有一年，汤姆·汉克斯（Tom Hanks）突然到访，后来他写了一篇他为什么喜欢打字机的精彩文章。还有一次，新学院大学（the New School）的哲学教授西蒙·克里奇利（Simon Critchley）讲述了他穿粉红色衬衫外出的糟糕经历，我请他就此写了一篇文章发来，他用这个故事探讨了阶级和衣着，以及脏话的本质。

最近，我如饥似渴地读了玛格丽特·伦克尔（Margaret Renkl）为《纽约时报》写的一篇文章，她在文章中讲述了自己被一只狗爱着的故事。这并不是什么新奇的写作主题，但她写得很具体，还将这段经历与母亲、寡妇的身份以及家庭联系在了一起。伦克尔通过插画般丰富多彩的细节，向读者展示了一只狗对主人的痴迷程度，她的故事令人难忘，也让故事里的狗成了一个生动鲜活的角色。

保罗·史密斯（Paul Smith）是一位商务教练，训练商务人士通过讲故事来达成目标。他发现，那些讲故事失败的人会犯一些常见的错误。他的建议也适用于写作。他说，太多人讲的故事既不吸引人，也没有感情，讲故事变成了公司宣传产品的手段，或做生意的一种方式，那些东西根本不是真正的故事。故事必须是对发生在某人身上的事情的叙述，要有时间、地点、主角以及一些有趣的发展。史密斯说，更大的问题是，许多人根本没有足够的能力去分辨一个故事是好还是坏。

可以试试下面这个做法，看它是否有助于帮你习得讲故事的技巧：上床睡觉之前，写下你当天看到的、听到的事情。一天过后，这些事情还留在你脑海里是有原因的。前阵子，我走在纽约第八大街，遇到了刚下车准备去餐厅的一家人。三个小女儿穿着一模一样的小礼服。突然，我看到一部手机掉在地上，"啪"的一声。妈妈开始对把手机掉在地上的女儿尖叫，女孩绝对没超过四岁。"你疯了吗？你知道自己在干什么吗？"与妈妈同行的男子在一旁劝说，说这可能只是个意外。

"不。"妈妈尖叫着说，"我看见了。她就是故意的。"

面对母亲的愤怒，小女孩不停地哭。我径直走了过去，毕竟停下来站着看不太礼貌。但我想知道：这位妈妈为什么让这么小的孩子拿着手机？她为什么这么生气？这种事情是第一次发生，还是已经发生了很多次？或者她只是以此为借口，目的是想跟一心扑在工作上的丈夫争吵？又或者丈夫失业，没找到新工作？我至今还能回想起那一幕，我觉得那或许能成为一个故事的开始。

这种经历可以成为一个故事的起点。但这世界上也有很多真实的故事，你可以通过聆听来收集。

故事的价值不用多说。人对故事的需要根植于我们的生物学本能，从未消失。如果你是讲故事的人，你有时甚至可以通过故事改变某人看待世界的方式。研究人员发现，许多人不愿相信统计数字，因为他们会把统计数字与精英阶层联系起来。但他们相信故事，因为对他们来说，故事才是真实的。这么说似乎有些不合常理，但相较于事实，很多人的确更愿意相信轶闻或故事。英格兰智库机构"英国未来"（British Future）的研究人员发现，人们对移民个体故事的反应比针对移民的统计数字要敏感得多。因为人们认为，数字可以被操控，是精英阶层的工具。

故事对人们观念的影响已经得到了一项研究的证实。参与研究的志愿者们会观看电影，然后评估电影是否影响了自己的观点。在一次实验中，研究人员发现，观看了《造雨人》（The Rainmaker）的志愿者会在卫生政策上变得更加激进。（影片讲述了这样一个故事：一对夫妇的儿子生命垂危，而保险公司拒绝赔付，一位律师和律师助理帮助他们打官司，共同对抗保险公司。）而看过充斥着阴谋论的电影《刺杀肯尼迪》（JFK）的志愿者则会感到无助，不太愿意参与政治生活。看过《苹果酒屋法则》（The Cider House Rules）的人会更支持合法堕胎。（里面有一位富有同情心的医生，为年轻女性做堕胎手术。）电影会影响我们，电视节目也一样。

喜剧演员是最好的故事讲述者，他们也因此极具影响力。2017年夏天，国会正在就《卫生保健法》的改革进行讨论时，喜剧演员吉米·坎摩尔（Jimmy Kimmel）向观众讲述了他儿子的故事。他的儿子在出生10天后差点死于心脏缺陷，一位机敏的护士和一场及时的手术挽救了小婴儿的生命。坎摩尔请求政客们，应该让所有美国人都享受到当初拯救他孩子生命时的医疗保健体系。

坎摩尔的独白视频被分享了数百万次，奥巴马曾在推特上就此事发表评论，称赞了坎摩尔对医保改革法案的支持。

故事不光对公共领域有意义，也对我们每个人的小世界有意义。我们年纪越大，就越有可能创造出一种关乎生命意义的叙述。你失去了工作，搬到了加州，却也因此遇到了你现在的妻子；你的房子被烧毁了，却也因此迫使你去往一个新的、更好的地方开始新生活。塞翁失马，焉知非福。那些看似受创的，甚至灾难性的事情，后来成了你人生故事的一部分。我们通常不会用数据，而会用人生历程来定义我们自己。

你无须在写作中讲述篇幅很长的故事，只需要让你的故事具体而真实。但也不要放弃事实，把它们编织进你的故事里就好。故事能够诱导人们集中注意力，毫不费力地吸收信息。时下流行的TED演讲就依赖于故事，其中最成功的那些演讲有数百万浏览量，因为讲述者能够在简短的演讲中，将自己的研究用故事的形式进行展示，而这些故事与你在学术期刊上读到的是不一样的。大多数优秀的演讲都可以写成文章，如果某些细节能够在演讲中迸发出力量，那它们同样也能成就一篇有力的文章。

在你的写作中创建故事

寻找悬念。遇到了何种困境？要如何解决？——我们之所以会沉迷于持续数季的电视节目，就是因为悬念。在故事中制造悬念，让读者不断地思考接下来会发生什么。

让人物发生改变。当人们看到人物以他们想要效仿的方式做出改变，他们会对这种改变背后的真相更感兴趣。

使用图像来帮助人们理解。坎摩尔用照片向观众展示了自己的孩子在医院里等待手术时的场景。我们的大脑会对图像做出反应，帮助我们更好地进入故事。图像里的人物和场景十分真实，更有代入感。

故事要合乎逻辑。不合逻辑的故事会让人们感到困惑。你的目的是吸引人们，而不是给他们一个放下不读、停下不看的理由。

确保在结尾传达出你想让读者领会的信息。结尾是最有可能被人记住的部分，所以不要让你的故事虎头蛇尾。

第十三章　事实为什么重要？又为什么不重要？

如果你强迫我听那些我不想听的事实，我可能会感到抵触。如果你试着让我看一些我最喜欢的候选人的信息，而这些信息似乎与我之前的观点相矛盾，我就会让我大脑中主管理性的部分停止工作，让感性来主导一切。

我们的大脑不喜欢那些与我们相信的东西相矛盾的信息。我们会倾向于记住符合我们已有偏好的信息。希拉里·克林顿承诺要对华尔街进行监管，而你告诉我，她在竞选中接受了来自金融业的数百万美元捐款，我会忽略你所说的事实，继续支持她；唐纳德·特朗普提出大幅减少移民人数，而你告诉我，他自己的公司里也雇用了很多移民，我会觉得他这样做一定也有好的理由。

我们与事实的关系很有趣。我们在社交媒体上更愿意分享虚构的故事，而非令人难以置信的真实故事。麻省理工学院的研究人员做了一项研究，发现 Twitter 上的假新闻比真新闻传播得更快，因为人们更喜欢假新闻，觉得它们更有意思。他们发现，真实故事传播到 1500 人所用的时间是虚假故事的 6 倍。这个研究结果适用于 Twitter 的每一个话题，从名人八卦到科学发现。

这个时代的互联网自由也为我们带来了麻烦，因为每个人都有话筒，无论是真实的还是虚构的话筒。有人声称希拉里·克林顿"经营"的一家比萨店涉嫌虐童——这条消息令人震惊，还造成了事故。关于这件事的文章在总统选举之前就出现了，尽管很快得到了希拉里方面的澄清，但还是在继续传播。甚至有人伪装成国会议员转发了这些推文，声称所谓的辟谣仍是谎言。一些虚假的文章还将这个所谓的"虐童组织"与一个全球性的恋童癖组织联系在了一起。埃德加·M.韦尔奇是北卡罗来纳州的一名年轻父亲，他驱车六个小时来到这家比萨店，身上带着突击步枪，准备解救被"囚禁"在那里的孩子。最后，韦尔奇被警察逮捕。不幸的是，对他来说，被捕和四年的刑期才是"事实"。

这件事表明，当一些人执迷于他们所相信的事实时，想要杜绝虚假报道有多么困难。如今，有些人仍然坚持希拉里·克林顿的"虐童组织"是真实存在的，他们认为那个被捕的男子实际上是"主流媒体"雇用的演员——对持自由主义立场的报刊和电视节目来说，这是一种侮辱。

如果事情看起来"合理"，那陈述事实就无法改变我们的想法。尽管网络为虚假新闻的快速传播带来了可能，但谎言并不是什么新鲜事。报业蓬勃发展的时候，许多城市至少有两份日报——纽约则有更多。每一家报纸都想拥有更多的读者，面对激烈的竞争，报业大亨们沉湎于所谓的"黄色新闻"，发布虚假的报道以吸引读者、赚更多的钱。20世纪中叶，报业靠广告收入盈利后，新闻业才渐渐开始受人尊敬。广告商不想与有风险的报道联系在一起。

直到最近我才明白，事实并非人们口中的那般面貌，我觉得以前的自己像个傻瓜。我一生都在收集和评估事实，好吧，我相信真相的力量。2016 年，对我和很多人来说都是沉重的一年。英国就脱离欧盟一事举行公投、美国人选举唐纳德·特朗普为总统之后，《牛津词典》将"后真相"①一词选为 2016 年的年度词语。很多事件中都充满了谎言，但人们似乎并不在意。有时，事实可能会适得其反。这对于研究这一现象的政治学家和心理学家来说并不奇怪。他们知道，人们在面对事实的时候，不会做出他们预期的反应。通常情况下，如果有人指出我们的错误、挑战我们的观点，我们不仅不会听取对方的意见，反而会更坚持自己的观点。

作为 20 世纪 70 年代成长起来的一名记者，在伍德沃德和伯恩斯坦（他们发现了真相，扳倒了一位爱说谎的总统）②的激励下，我热爱真相，从不希望自己犯事实性的错误。而错误似乎又是永远都会存在的。一篇报道一旦付印，一切就板上钉钉了，不会再有机会拿回来修改。它将被永远留下来，在图书馆装订成册，供人们阅读许多年。我也为其他一些强调事实重要性的单位工作过。我在《华尔街日报》的大多数朋友都很怕自己被纠正，如果一个人被纠正的次数太多，就会被悄悄地解雇。《纽约时报》相对宽松些，员工不会因为被纠正太多次而遭到解雇，但纠正一个人会让他很丢脸。

我曾给某作家的书做某一章的指导。2008 年，这位作家被证实在这本书的写作中捏造了信息。我很难过，问上司是否想让我辞职。我想他觉得我疯了。很多人，包括这本书的书评人以及这位作者的出版商，当时都很喜欢她的故事。但我一直深感有必要公布确凿的事实。

---

① post-truth，《牛津词典》的解释为："后真相"更诉诸情感及个人信念，较客观事实更能影响民意。
② 两人均为《华盛顿邮报》的记者，负责跟踪报道"水门事件"，最后使总统尼克松被弹劾。

我一直都很怕犯错误，我认为这是一件好事。

不过，即便是我这样的人，也不得不做出让步。随着数字新闻媒体的兴起，出版物必须持续、快速地发布信息才行，因为对每一个细节都严格要求必然会阻碍新闻业的生存。由此，错误会不断地增多，尽管在一些最好的新闻网站上，错误能够得到纠正，但人们还是被迫接受了一个现实：如今的新闻不再是还原事件的一手文章，而是很粗略的稿件。对严肃认真的新闻工作者来说，准确性依然重要，然而，任何一家新闻单位的任何一位编辑都无法同时兼顾速度和完美的准确性，只能做出一些牺牲。数字技术不仅改变了新闻业，也改变了我们的文化。从某种意义上说，每个人都变成了记者——我们在社交媒体上分享我们的真实生活，在 Instagram 上发布我们的食物、花园、孩子的照片。哪怕只是想发布一张白色大丽菊的照片，我也会仔细移动花瓶，只为了找一个最好的角度，挡住一切会分散网友注意力的背景。每个人都有观众，每个人都是媒体。

然而，我们每个人所呈现的真实生活是相当有限的。我们展示的只是局部的真相。这并不是说真相不重要，相反，真相很重要，如果陪审团认为有人违法应该坐牢，他们就需要真相，但这种真相与一种更加广义的、更为复杂的社会"真相"并存。我们的社会真相是由谎言编织而成的——就像一个不断在 Facebook 上向妻子表达爱、努力呈现出理想形象的丈夫，实际上他可能根本没办法忍受自己的妻子。社交媒体驱动了个人层面上对真相的定义，所以现在有人认为，如果他们相信某件事可能是真的或应该是真的，那它就是真的。

有人说，我们生活在一个不合常理的时代，心理感觉比事实更有说服力。这其实是对我们大脑运作方式的一种误解。实际上一直以来，事实都没有感觉重要。我们与事实的关系没什么稀奇的，稀奇的是我们向邻居以外的人群传播谎言的能力。几十年来，有学者已经证明了人类可以无视事实得出结论。举个例子，如果我们在主观上相信移民更有可能犯罪，那么此类犯罪的每一个现实案例都会让我们的观点更加稳固。在一个接一个的案例中，媒体和政客会对移民犯下的罪行给予极大的关注。比如在最近发生的一起事件中，艾奥瓦州的一名大学生被谋杀，据称凶手是一名墨西哥移民。有人认为移民是一个大麻烦，尤其是墨西哥和中美洲移民，所以无论公众被告知多少次"移民的犯罪率并不比土生土长的美国人高"，这起谋杀案都印证了他们主观上的想法。墨西哥人被贴上了"强奸犯"的标签，这种观念在美国已经根深蒂固，即便他们的工作和被捕记录显示，他们更应该被称作"农民"。

有人认为，人们只要知道真相，就会做出正确的事情。这是不现实的。也有人觉得，博学的人能够更好地管理政府，丰富的知识和信息会带来更加明智的决策——民主政治也建立在这样的理念之上。但实际上，受过教育的人并不比没受过教育的人更容易被事实所影响。无论我们是左派还是右派，都会不遗余力地捍卫自己相信的东西，回避那些会挑战我们信仰的事实。在许多研究中，研究人员向被试者提供了某些议题的准确信息，这些议题都带有强烈的情感色彩，比如干细胞研究、税收改革、伊拉克战争等。他们发现，当这些准确的信息纠正了被试者原来的观点时，他们往往会更加相信错误的观点。从本质上讲，这种纠正起到了反作用，没有"更改"错误信息，因为人们想要保护自己的信仰不受事实的影响，避免可能存在的伤害。

人们不愿意承认自己犯了错，这是一种防御机制。承认错误很危险，意味着我们承认了自己相信的是不对的。所以，我们会坚持自己的信念，刻意回避那些可能会让我们陷入尴尬境地的事实，选择接受能够支持我们信念的信息。人们在很多事情上都容易产生错误的看法——比如有些人认为巴拉克·奥巴马不是在美国出生的，尽管他的出生证明显示他就是在美国出生的。如果总统是一个叫"奥巴马"这个名字的男人，这件事让你觉得不爽，你就会找一种方法让自己忽略"他是美国人"这一事实，然后你会发现，网上有很多人会支持你的立场，认为奥巴马的出生证明是假的。因为从理论上说，任何东西都可以造假，通过数字合成进行伪造更容易。

作为一个取得了如此大进步的物种——从狩猎文明、采集文明进化到能够制造电子计算机和机器人——我们居然会忽视显而易见的真相？有科学家认为，人类的这种忽略真相的倾向有好处，这也是进化的结果。在《知识的错觉：为什么我们从未独立思考》(*The Knowledge Illusion: Why We Never Think Alone*，2017)一书中，作者菲利普·费恩巴赫(Philip Fernbach)和史蒂文·斯洛曼(Steven Sloman)指出，从个体层面来讲，所有人——嗯，我们大多数人——所知甚少，需要依靠他人的知识度过一生。不需要对气候科学有任何了解，我就能够得出"地球正处于危险之中"的结论，因为我获得的信息来自我所信任的人，他们收集了，或重复了其他人的信息。

这种信息共享过程很有效率。接收他人得出的信息，我可以节省自己的时间，无论信息是真是假。如此一来，我们每个人都能专攻我们最擅长的领域，从而让整个社会取得进步。同时，我们每个人都会自然而然地变得懒惰，喜欢通过获得尽可能少的信息来做出决定。大多数人都不愿意不停地挖掘事实、四处打听、广泛阅读，而是喜欢让事情更简单一些。我们喜欢简单的答案，即便这个答案是失真的、扭曲的也没关系。

不过有时候，这种对真实性的舍弃以及不愿亲自评估证据的做法可能会产生危险的后果，例如有的人会擅自决定不给孩子接种预防麻疹等疾病的疫苗。疫苗的概念有些可怕，人们对它有恐惧很正常：你想给我注射一种致命的病菌，难道我就理所当然地觉得没问题？确实，在极少数情况下，疫苗是有副作用的。人们从19世纪初天花疫苗应用于英国和美国时就心存疑虑。但如果没有疫苗，天花在这些国家就无法被根除。

我们的生理结构也决定了，我们允许虚假的信息植入大脑。在某件事上，我们听到的越多，就越有可能相信那是真的。这会产生各种各样的后果。

相比车祸，美国人更害怕恐怖主义，尽管车祸令人丧生的可能性远高于后者。我经历过"9·11"事件，也经历过事件之后的焦虑与担忧，坐地铁时我会很紧张，担心这座城市再次受到袭击。这种恐惧并非荒谬和臆想。但是，整个社会范围内的恐慌情绪使得"究竟是谁实施了这次袭击"的真相变得无关紧要，并催生了一个拥有常驻军队、随时准备应对战争的准军事化社会。

人们无处安放的恐惧正愈演愈烈，因为政客和媒体关注的永远是违背常理的事情——毕竟这更令人兴奋。因此，人们对不寻常的事物的恐惧达到了一种脱离实际的程度。一旦受到惊吓，可怕的想法就更容易停留在人们的思绪中。当我们听到一件可怕的事件时，感性的大脑就会本能地对其进行放大。恐惧会强化我们的记忆，让我们高估不寻常事件发生的概率，低估日常生活中风险发生的概率。

仅仅是一遍又一遍地听说某件事，就能够让你记住它。当这种情况发生时，你的想法就很难被动摇了。加州大学伯克利分校的语言学家乔治·莱考夫（George Lakoff）解释说，如果重复激活相同的脑神经结构，那么被激活得越多的神经结构，就会变得越强大。恐惧一再出现，我们就有可能把恐惧与某些词语联系在一起，久而久之，某些词语将很难再分开，比如"激进的恐怖分子"。有的人通过将错误的观点嵌入他人的脑海中来达到目的，他们很聪明，因为一旦观点被嵌在强大的神经元回路中，是不太可能被轻易改变的，即便有证据显示他们最初的立场是错误的。

这种论调是否让你觉得很郁闷？让你开始怀疑真相从来都没有意义？如果是这样，且听我继续说下去。也有无数例子证明了真相的效用，无论掌握真相的是非专业人士还是专业人士。有时候，"真实的"事实确实会深入我们的大脑，取代错误的概念。我最喜欢的一个"事实胜过虚构"的故事，与堪萨斯州匹兹堡的高中生有关。这些高中生深入研究了新校长的学历和职业经历，随后发现，校长在一所私立大学——实际上只是一个可以买学位的地方——得到了她的硕士和博士学位。高中生们将这个故事公之于众，后来校长辞职了。这些事实无可辩驳，他们赢了。

你在努力写一些令人难忘、有说服力的东西时，要寻找那些令人惊奇的事实。有时，即便是一个很简单的事实，也可以震撼和吸引读者，比如《快速企业》(*Fast Company*)杂志有一篇简短的文章就向大家阐明，世界上最富有的1%的人掌控了世界上超过一半的财富。

事实拥有改变人们行为的能量。在过去40年里，很多人已经开始戒烟、锻炼身体。也有很多人开始吃新鲜的绿色蔬菜，不再喝含糖的苏打水。十几年来，软饮料的受欢迎程度一直在下降，人们已经完全了解了这种饮品。

不过，虽然事实可以改变行为，但人通常不会主动依靠自己来做出改变。所以，事实必须与同辈的压力、社会的规范以及情感的诉求结合在一起，才能发挥作用。人们认为，他们所喝的饮品定义了自己所在小团体的价值观。所以现在，相较于塑料瓶装的可乐，他们可能会选择不含双酚 A 的包装瓶。我是喝低糖汽水长大的，现在，我再也不想喝这些了。我觉得人造甜味剂对身体不好。有人可能不同意，但这是事实，我坚持这么做。

如果事实听起来很震撼，那就能改变听者的想法。2018 年美国国会中期选举临近之际，人们围绕移民权利展开了激烈的辩论，黛比·温加滕（Debbie Weingarten）在《纽约时报》发表的一篇社论文章中称，美国政府拒绝了她年幼子女们的护照申请，因为孩子们是在亚利桑那州的家里由助产士接生的。政府显然是在担心，助产士帮助分娩只是墨西哥人伪造出生证明的一种方式，因此拒绝为他们审批护照，除非父母能够提供更多公民身份的证明。

这篇文章惊到我了，因为我还没有听到过因为助产士接生而对公民进行区别对待的案例。

作者说，在与墨西哥接壤的几个州，政府拒绝了数千名由助产士在家中接生的儿童的护照申请。我不禁想，如果孩子的姓氏不是拉丁姓氏，申请护照也会被拒绝吗？

关于政府的这种操作，可能有过报道，甚至可能有很多报道，但我还是头一次听说。我不知道这个消息今后会对我产生什么样的影响。但有时，一个事实会在大脑里停留并持续影响我们的行为数十年。据我的一位编辑朋友回忆，很久以前《纽约客》发表过一篇迈克尔·金斯利（Michael Kinsley）写的文章，这篇文章改变了他对民意调查的看法。文章中，金斯利写了一份民意调查，询问人们他们觉得美国政府在对外支援上花的钱是太多还是太少。此外还询问了人们对这类支出的看法。大多数人对政府支出的估计远远超过实际情况。朋友说，那篇文章让他明白，向民众询问他们一窍不通的事情，得出的结论是毫无价值的，除非你能够判断对方的知识水平。受那篇文章影响，每当有人提议在文章中进行民意调查时，他就会考虑被调查者是否会做出"无知"的回应。如果会，他多半会否决民意调查。为什么要问他们一窍不通的问题呢？

如果你的研究也发现了令人震惊的事实——那种会让读者觉得"哇，这里一定有些门道"的事实，你的写作也可以以同样的方式影响他人。不要只是说"美国的政客们对自己的行为负责就好"，四处挖掘一下。或许你需要来自其他国家的一些有趣的事实，来帮助自己从不同的角度提出观点。比如，我们可以学学新加坡——经济形势的好坏能够决定新加坡政客的奖金。

针对各种观点，要调查其背后的事实。如果你了解过持相反立场的人，你就能更加熟悉对方的理论依据，从而找出对方理论中的瑕疵。对此，你可以联想一下辩论队的学生准备辩题时的情形：他们直到最后一刻才知道自己的辩论立场，所以必须了解正反两方的论点。我们来做个假设：你正在为一场辩论做准备，辩题为"是否应该增加美国在叙利亚的军事力量"。这个问题有正方论点也有反方论点，准备辩论的时候，正反两面你都可以研究。不要假设自己理解另一方的观点，你可能并不理解。

一旦理解了正反两面，就可以更好地展示你自己的观点，用充满感情和事实的论据打动对方。如果你拥有很好的理论依据，就更容易在反驳对方主张的同时让自己的观点立住。不要在陈述的过程中重复对方的观点，因为这样一来，你就给了对方更多展示的机会，让对方更具吸引力，从而抢走你的观众。你得重新构建属于自己立场的辩词。

即便事实有其自身的局限性，你的事实也必须是正确的。许多人认为，谎言过于荒谬，人们似乎就不会被骗。如果你的事实是错误的，那么任何一个对相关议题有所了解的人都有可能对你失去兴趣。如果你断言，美国超过一半的学龄儿童的阅读水平低于其应有的水平，而一位教育领域的读者知道，真实数字还不到三分之一，你就会立即失去一位有潜在影响力的读者。因为这个错误，读者便不会再相信你所说的任何一句话。

作为《纽约时报》社论专栏部门的负责人，我最重要的工作职责之一就是事实核查。我惊讶地发现，同样的事实可以推导出两个完全相反的结论。一个保守主义者和一个自由主义者可以使用相同的事实来提出截然不同的观点。这没什么不可以的。但是，事实并不会改变——只是人们看待它们的角度不同而已。

从事新闻工作的这些年，我最喜欢的一些人都曾是事实核查员，他们中的许多人后来转行写小说，或者成了编辑。做事实核查员时，他们发展出一套严格的方法，对任何一个他们认为值得深究的词语进行事实核查，以便让文章经得起推敲。事实核查员会以特定的方式看待词句，至少一般来说，他们不会关心一句话读起来是否通顺。他们痴迷的是句子背后的含义和准确性。在《纽约时报》，杂志部和社论部是雇用全职事实核查员最多的部门，因为这些部门外来的投稿特别多。

普通写作者也应该掌握事实核查员的技能。当你检查你的作品，确认单词或词组正确无误之后，可以画线或打钩标记，这样你就不会漏掉任何东西了。你会惊讶地发现，有个名字你看了许多次，确信其拼写是正确的，结果却发现是错的。

减少错误，就能够提升你的信誉。我承认这有些怪，毕竟有学者发现，人们不会以你认为的方式去接受事实。但如果知道某些事情是假的，他们还是会很生气。

　　尊重事实是善用事实的基础。不要通过虚假的奇闻轶事来证明自己的观点。对于理论依据，不要精雕细琢。你要明白，如果你这样做，总有读者会把你识破。来源不明的信息有很多，互联网又很容易传播谣言，想对事实进行确认是一件很有挑战的工作。在接下来的内容中，你将看到一份事实核查指南，其中有些内容是依据凯文·麦卡锡（Kevin McCarthy）和吉塔·达内什乔（Gita Daneshjoo）提供的示例表整理的，他们两位是曾在社论专栏部与我共事的事实核查编辑。

调查与事实核查小技巧

　　永远要找到可靠的消息来源。我们都曾沦为很容易查证的愚蠢谎言的受害者。之前，我们甚至不愿意把维基百科当成可以信任的消息来源，虽然查维基百科和添加页下注其实是一个很好的起点。下面是《纽约时报》对一篇报道的更正，原来的版本有一个细微的错误，而更正很有趣。

> 更正：周一的一篇专栏文章对美洲鹰和鱼鹰进行了错误的描述。事实上，它们吃鱼，粪便是白色的；它们不吃浆果，也不会排出紫色的粪便。（有其他鸟类吃浆果、排紫色粪便，比如美洲知更鸟、欧椋鸟和雪松太平鸟。）

　　寻找每一个关键事实的多个来源，不要只找一个。即便你在很多地方都发现了某条信息，也无法保证其真实性，但如果你发现的信息来源都很可靠，那这条信息真实的可能性就很大。

> 更正：周日一篇关于亚利桑那州和物种迁移的文章错误地将西猯归为了"猪"。事实上，它们只是外形像猪。

留意拼写错误、数据是否颠倒以及计算错误。这一点在依赖数据的论证型文章中尤为重要。一个错误的数字会让审阅你文章的编辑或教授十分失望。不要将不同情境的细节放在一起来表明同一个观点，因为这样存在搞混、出错的风险，比如《纽约时报》某篇文章中的一段：

> 笔者最近乘坐（达美航空）经济舱从纽约飞往迈阿密，飞机提供的零食是蔓越莓杏仁棒，没有露娜巧克力棒——也没有泰拉蓝薯片和爆米花（飞往墨西哥的捷蓝航空的航班上就有这些东西）。另外，笔者还观察到，在美利坚航空一趟跨大西洋的航班上，空乘人员会给头等舱和商务舱的乘客分发舒适的装备，但飞往迈阿密的航班就没有。

避开博客，尽可能多地依靠学术研究和无党派研究机构提供的政府报告。关注专业的资源，而不仅仅是看浏览器检索出来的首页信息。新闻记者使用法律数据库律商联讯（LexisNexis）需要付费，但任何人都可以使用谷歌学术（Google Scholar）。使用这两个工具进行检索，结果会令你大吃一惊的。如果你在谷歌上检索"说服力以及如何最有效地改变他人的想法"，两条结果会首先映入眼帘，分别是

《华盛顿邮报》和《今日心理学》(*Psychology Today*)的两篇报道。这两篇报道当然也有帮助,但谷歌学术关注的是不同的领域,会向你展示霍华德·加德纳(Howard Gardner)一本书的节选内容,以及源自《消费者研究杂志》(*Journal of Consumer Reseavch*)的一篇文章。你也可以利用谷歌图书(Google Books)进行检索,可以在上面查找可能会与你文章相关的部分书籍。

如果你文章中有一个有趣的事实源自某篇学术文章,那不妨读一读这篇文章,不要只读结论。或者可以对作者进行采访。这样一来,你就不会误解学术文章中的某些关键信息,而这些信息可能是你论点的基础。

更正:5月13日一篇关于道德和资本主义的社论文章,错误地引用了2010年一项关于公司团体中的精神病态者的研究结果。此项研究发现,203名公司专业人员的样本中,有4%达到了能被描述为心理病态的临床门槛,而非5月13日这篇文章所说的"在华尔街工作的人中,有10%的人是心理病态的"。除此之外,这项发表在《行为科学与法律》期刊中的研究所采用的样本并不具有代表性。此项研究的作者也说,4%这一数字并不能广泛应用到更大基数的公司经理和主管人员中。

如果某人涉及某件事的经济利益,你要保留怀疑的态度。

如果某事听起来就不太可能,你也要保留怀疑的态度。

将更多的怀疑放在自己赞同的事情上，而非那些你本就有偏见、不怎么相信的事情上。你更有可能相信自己原本就赞同的事情。不要太相信自己的直觉，要对你认为"站在你这边"的人保持怀疑，要从各种信息来源中寻找真相。

用故事使自己的作品更有活力，这没问题，但要留心从唯一的故事中得出概括性结论的做法。记住，某个人身上发生的故事只是一个事实而已——比如有传闻说，某妇女想做堕胎手术，却因为诊所外的抗议者而无法进行。只有在理想的情况下，你才能从经同行评议的研究中获取数据，这些研究通常都涉及众多被研究者。你可以寻求某一领域专家的意见。如果他们大多数人都同意某件事，你就可以引用这个事。

记住，人是自相矛盾的动物。我们喜欢分享那些不太准确的故事，但也喜欢在他人出错的时候指出对方的错误。取标题、写推广自己论点的文字时，也要留心这一点。显然会有人不太关心事情的准确性，而研究表明，歪曲事实、试图操纵他人，可能会让你名誉扫地。所以，在探究事实的时候，要避免误导性的标题，不要一心只图点击量。人都不喜欢被愚弄。不管怎么说，再小、再无害的谎言也还是谎言，不能因此而得不偿失。

事实总是会产生影响，但常常慢半拍。美国人一直相信伊拉克有大规模杀伤性武器，但事实最终证明这一说法是错的。人们想要相信自己的总统，随着时间的推移，他们开始怀疑那些有关武器的说法，却为国家在伊拉克驻军的正当性找到了其他的辩护理由——或者，有人改变了想法，决定反对战争。

当某件事的情感力量减弱时，人们更有可能转而接受其他不同的事。但这需要时间。因此，你要一直确保自己是一个带着激情、力量和用不容置疑的事实写作的人。

第十四章　专注、翔实、精简、消灭术语

我以前总读罗马演说家、政治家西塞罗（Cicero）的作品，尽管学了很多年拉丁语，但我已经忘记了他的语言何等优美与清晰。对此，我可以举很多例子，下面这个段落充满洞察力，花费时间阅读或重读是值得的：

> 每个时代的人都会犯的六个错误：相信个人利益是通过打压别人来获得的；为无法改变或纠正的事情担忧；因为自己无法做到，就坚持认为一件事是不可能的；拒绝放弃无聊的个人偏好；忽视心智的发展和提升；强迫他人拥有与我们一样的想法和生活方式。

古人的句子规整优美，而现代人有时却写得杂乱无章。西塞罗在一段话里阐述的观点，很多哲学家得用 100 页的篇幅来阐明。"简洁"是一个很具迷惑性的风格特点，只是看起来容易。有时，我们会觉得自己知道的特别多，想对读者炫耀，但结果往往适得其反。

也许这就是人们避免使用短句的原因。他们担心，如果句子太简单，会让人觉得他们不够努力，或想法不够深刻。但事实并非如

此，想写出简单的句子是很困难的。你的观点必须得十分清晰具体。有时候，写出复杂的句子只能说明作者没有足够理解一件事，不能更好地解释它。也有时候，作者认为使用含有长单词的句子会让自己看起来很聪明——丹尼尔·奥本海默教授（Professor Daniel Oppenheimer）在一篇名为《不假思索地使用"博学"词语的后果：不必要地使用长单词的问题》（"Consequences of Erudite Vernacular Utilized Irrespective of Necessity: Problems with Using Long Words Needlessly"）的文章中驳斥了这种观点。

大多数文章都太啰唆，也都太长了——要么就是不够长。人们愿意读多少字、愿意花多少精力放在多长的文章上？所有媒体都为此苦恼，也都有自己的小秘密。在《纽约时报》，关于这些问题的会谈已经持续了几十年。文章究竟应该多长（或多短），有一点很关键，那就是——视情况而定。你呢？你知道文章多长能够留住读者吗？他们读到什么时候会感觉无聊？有时候，文章的第一句话还没读完他们就觉得无聊了，有时候读了3000字仍感到意犹未尽。你所做的一切都是为了吸引读者。如果你讲的故事没有包括所有能够留住读者的经典元素：爱情、战争、性、冲突、灾难，那就简短些。要确保你写的每个词在句子里都有用，都能够推进你的观点。

以下是我在编辑过程中发现的最常见的四个写作误区：

- 人们试图在篇幅较短的文章中涵盖过多内容，导致文章过于平淡和笼统。文章写得过于全面，实际上什么也没说明白。所以：要专注！只专注于一两个重要的想法，然后迅速地将你的观点表达出来。
- 写得十分宽泛，最后读者会越读越没感觉。所以：翔实一些！

第十四章 专注、翔实、精简、消灭术语　131

下面是一个啰唆的写作案例：

事实证明，加州本部发生的多次小型火灾具有不稳定性、不可预测性，如果继续发展，会成为大型火灾。在一次重大森林火灾之后，其带来的灾难性后果造成了人道主义供应链的巨大混乱，但也有一些公司——比如 Brand X——正在努力解决这种混乱，提供行之有效的指挥系统。货船、卡车和飞机会向受灾地区运送食物和水，分发点的设置是为了缓解混乱，避免人们对供应物品的争抢。为了进一步推动灭火工作，Brand X 确定了每位灾民的独特需求，并为受灾家庭提供了他们惯用的医疗援助。

（本段文字来自一位自由记者给 Longneck & Thunderfoot 未公开发表过的投稿，后者是一家总部设在纽约的数字化营销公司。）

下文是精简后的版本：

加州的小型火灾有可能迅速蔓延，失去控制，人们在任何时候、任何地方都有可能需要帮助，却很难得到必要的帮助。Brand X 软件建立了一个行之有效的沟通系统，如此一来，救援物资便能及时送达有需求的地方。

使用能够说明问题的细节。
- 句子复杂难懂让人很难读下去，没完没了地讲啊讲也没人愿意听。所以：精简！
- 最后，过多的术语会让行业外的读者无法理解。无论多复杂的观点，都要清晰连贯地展现给一般读者才行。所以：消灭术语！

读者注意力的持续时间往往很短。我们无法同时吸收多个观点。当大量信息涌来，让我们应接不暇、无法喘息，我们便很难对它们进行评估。在议论文中，最好只写一两件事，然后深入挖掘。当你对某件事有强烈的感受时——比如如何让可再生能源盈利——你可能会忍不住想写一篇包罗万象的文章来展示自己渊博的知识。但如果你的目的是说服某人相信某事，那最好集中讲让读者感到惊讶的事效果会比较好，比如加州已经有超过30%的能源是可再生能源。或许你也可以写写其他州是否能用同样的策略——你的结论有可能是"不能"，因为加州在这方面是非同寻常的。

你的知识是你提出的具体观点的基础。我最近为一位客户编辑了一篇社论文章，他希望自己的作品能在一份面向全国读者的出版物上发表。我觉得这位作者在第一段中表达了太多的想法，花了太长的时间才得出他那聪明而又令人惊讶的观点："老牌"媒体公司应该被允许在不触犯反垄断法的前提下联合起来，向社交媒体平台提出要求。

我建议他迅速切中要害。他重写了第一段，在开篇阐述了"社交媒体通过新闻内容获得了广告收益，却不承担制作成本"一事。如此一来，他迅速地提到了文章的重点。

接下来，我们来谈谈"写得翔实"的重要性。写得具体、有令人难忘的画面，这一点很重要。当你写出细节的时候，你会让你的读者体验到你写的东西。我在伯克利读大学的时候，也担任美联社的特约记者，报道了很多新闻。我会跑到投币电话前，打电话向社里报告当天发生的各种事件——事件通常会涉及警察、学生、催泪瓦斯。但有一次，我为美联社写了一篇关于达米·贝利（D'Army Bailey）的专题报道，他是伯克利市议会一位新晋的激进成员。上交稿件后，编辑要求我加一些"色彩"。作为一个"菜鸟"记者，当时的我并不理解编辑说的"色彩"是什么意思。但我记得自己重写了导语，其中有"来自伯克利一间豆绿色的新闻办公室"这样的描述，我按要求添加了"色彩"，虽然算不上最坏的主意，但可能不是编辑想要的那种。

下面这个故事更令人印象深刻：《纽约时报》的评论家德怀特·加纳（Dwight Garner）在评论鲍勃·伍德沃德（Bob Woodward）写的那本关于特朗普政府的书时描述了一个细节：

> 我们知道事情很糟糕。伍德沃德就像一个凌晨三点来敲你家门的州警，前来通知一些糟糕的细节。

州警的形象是加纳书评的加分项，通过我们所有人都能产生情感联结的事物，使文章更富有视觉效果，更生动。

2016年，22岁的纳菲莎·拉吉（Nafisa Rawji）发布了一系列推文，被网友大量转发分享，她的推文体现了由简单句子组成的细节的力量。她在推文中，将"同意性行为"的问题和"抢钱"进行了类比。

以下是她的几条推文：

- 如果你在我醉得神志不清的时候向我要 5 美元，然后直接从我的钱包里拿走钱，这不行。
- 如果我同意借给你 5 美元，但这并不意味着你的朋友也可以从我钱包里拿走 5 美元。"可是你都给他了，为什么就不能给我？"
- 如果你偷了我 5 美元，但我没法在法庭上证明这件事，这并不意味着你没偷。仅仅因为我在过去给过你 5 美元，并不意味着我在未来也必须给你 5 美元。
- 有个男人说："哦，她坐他大腿上了，还跟他回家了。"好的，如果我让你帮我拿着钱包，就意味着你可以把里面的钱拿走？

> 下面是一个需要精简的案例：
>
> 　　该公司昨日发表了一份声明，称将解雇 100 名员工，以确保其向包装零食业务扩张且利润最大化。该公司正在缩减在汽水行业的业务，因为事实证明，汽水业务的盈利能力已经大不如前。
>
> 这是编辑后的版本：
>
> 　　该公司表示将解雇 100 名员工，因为该公司目前专注于零食业务，而非利润较低的汽水业务。

通过这样的类比，拉吉帮助自己的读者以一种新的方式看待性侵的问题。如果她只是说"未经同意的性行为是强奸"，她的推文就会被淹没在浩如烟海的同类推文中。她以一种特别的方式来描述这类经历，从而获得了关注，而且很可能成功说服了一些人用更微妙的方式看待"性同意"的问题。

而且她只用几句话就阐明了自己的观点。没有一个词是多余的。她的推文做到了尽可能简短，只写了必需的内容——这也得益于推特字数限制的规定。

不管在什么平台发表，你写的东西都要有适宜的长度。如果老师让你写 10 页在美国的希腊人的历史，那你就写 10 页。如果编辑说她

> 尽管现在的法律文书开始使用简短的词句了，但它们仍然令人提不起兴趣。商品保修单、保险单或法律相关文件，我们中的大多数人连看都不看就会把它们丢到一边。你来看看我的这份烤箱保修单，告诉我，我是不是不用打电话咨询，就能弄清楚自己到底有什么权利：
>
> 本品的保修不包含因疏忽、事故以及不当使用、保养、安装、检修或维修造成的任何零件更换、劳务维修。有些州不允许排除或限制非故意或间接损害的赔偿，所以上述限制可能对您并不适用。本保修单赋予您特定的法律权利，您也可能拥有各州规定的其他法律权利。

想看一篇 800 字以内的英国脱欧动向，你就不要写 4000 字，然后说："嗯，我知道它有点长，你可以看着删一些。"相信我，编辑会直接删掉这封邮件，甚至不会去想自己会错过什么。我们在写作时必须考虑长度，这就意味着精简。无情地精简，因为没人愿意把时间花在没用的字句上。

　　防止读者不理解的最好方法，就是用对话式的语言来写作。不要使用术语，这会限制你的读者。所有人都会使用术语。大多数情况下，我们并不知道自己在使用术语，只有在看到其他人脸上困惑的表情时，你才会意识到自己正在讲"行话"。

　　我从《华尔街日报》跳槽到《纽约时报》，开始做饮食主题的报道时，我对自己听到的一些词语感到困惑——考虑到这两家单位同属一个行业，我还是觉得挺惊讶的。走进西 43 街《纽约时报》总部的第一天，我被带到自己的工位——位于四楼风格部，他们让我写一篇当周的头版报道，发布在当时还叫"生活版"的报纸上，我还被告知，一名"后卫"会对我的文章进行处理。

　　什么是"后卫"？

　　我不敢问。我不想让自己听起来傻傻的。（这种担心会让很多人失去学习必备知识的机会。）

　　如今，《纽约时报》的新记者不会再听到"后卫"这个词了，但他们会听到另一个词：强化编辑（strong editor）。听起来有些怪吧，因为这个词组会让你立刻产生疑问：强化编辑会如何对待"弱小"编辑？

　　每个行业、每家公司、每个城镇甚至每个家庭，都会有自己的说话习惯、沟通方式。每次我丈夫接起电话说"哈噜"的时候我都知道，对方不是他哥就是他妹。他对这个词的使用可以追溯到对一位表亲的微妙嘲讽，那位表亲的"哈噜"成了我丈夫他们兄妹之间的暗语。术语和简化表达在交谈中可能很有趣，而且能够作为一种定义群体身份的方式，在与可能懂得相关语境的人交谈时，使用它们还是很合理的。

我的一位《华尔街日报》的记者朋友曾讲述她写商品期货类题材的坎坷经历。当年她还是一个新手，在没有时间充分准备的情况下投入工作，需要打电话给分析师咨询他们对当天金融事件的看法。当她问为什么可可市场"涨停"时，分析师回答："因为每个人都在回补空头头寸！"① 她立刻想象出一群身穿白色四角裤的男人跑来跑去、试着掩藏的情景。她根本不知道那家伙在说什么。初学者要问许多问题，才能理解"回补空头头寸"这个词组的意思。

商业领域中充斥着术语，而且这些术语很常用，甚至已经变成陈词滥调。有一次我参加了一个会议，会上有个聪明人说了这样一句话：

　　我们都想观察一下，在地上立根桩子，因为我们有一些皮肤在游戏中。②

哇哦。

术语在其自身的语境中是有用的，但在更广泛的世界中出现，则会令人迷惑不解。没有什么比术语更能妨碍我们"像人一样说话"

---

① 此处原文为："Everyone was out there covering their shorts!"直译则是"所有人都穿着短裤在外面"的意思。
② 此处原文为："We want to take a view and put a stake in the ground because we have some skin in the game."放在商业语境中理解，"put a stake in the ground"为"入股"之意，"have skin in the game"则代表企业高层内部人士用自己的钱对自家公司进行投资的行为。

学术写作饱受术语的困扰。下面这个例子来自安德鲁·库恩（Andrew Kuhn），他是一位心理治疗师、诗人、模仿大师：

从史学层面的流行到韵律学再到特定图像和模因的符号值，对于不平等的文化影响的剖析——毫无疑问——一直都是争论的素材。仅举一例：法国人所称的地位与经济情况之间的滞差的集体敏感性，并不一定符合关于统计差异的现有资料，更不用说其中传达的"含义"。"事实"的真实性在这里发挥着作用。而同样，各学科也可以考虑不同镜头、光学器件之下不同领域的证据，就像一座巴别塔，专家们或彼此交谈，或彼此隔绝，因为他们往往参加不同的会议，阅读不同的期刊，出席不同的社交场合，等等——他们有可能在同一所所谓的高等学府的同一家机构工作。谁应该被允许发言？对谁说话？为谁说话？文化剽窃、男性说教以及实际或感觉上的细微侵犯的经常性威胁都会进一步阻碍富有成效的意见交流。所以，如何开始一段关于某个或某些重要问题的谈话是存疑的。

我觉得，上面这段文字，换句话说就是：不同学科的学者之间很难相互交流。

了。对使用术语的人来说，这似乎是一种自然而然的交谈方式，但事实并非如此。术语是诸如科学、金融或市场营销领域的语言，不具有对话性。

　　如果字句如此难懂，那就没有必要费力去阅读了。金融、医疗和政府报告的语言似乎是故意想让人产生困惑的。银行账户、抵押声明、房屋销售结算文件、保险单、医疗保险规则——这些文件很少使用简单的英语表达。这些文件不必要地长篇累牍，令人困惑，因为这些文件通常是给律师看的，或者更恶毒地说，是为了让人们不易理解自己的权利与责任。法律术语使人们需要律师来解释买房或立遗嘱时需要注意的事项。科技行业也紧随其后，为了与用户达成可能没有人

> 　　联邦政府有一个关于精简话术的网站，巧妙而实用。以下是冗长啰唆的政府文书：
>
> 　　　　如果国务卿发现某个个人收到自己没有资格得到的款项，无论此项付款是出于个人过失还是欺诈，该个人都应当承担自己没有资格获得的全部金额的偿还责任。
>
> 　　以下是经该网站简化后的文书：
>
> 　　　　如果国家机构发现你收到了一笔你没有资格得到的款项，你必须全额退还。

会遵守的信息使用协议——你总是发现自己的信息被以出乎意料的方式使用，因为你之前没有读懂那些令人望而却步的协议。

我在编辑社论版块的投稿时，经常会看到一些文章充斥着只有相关领域的人才能理解的术语。作为社论编辑，我们会用自己的知识将那些术语"翻译"过来，并判断一篇文章是否值得发表。正如一位编辑针对一篇投稿写的那样：

> 我必须先查阅《简明英语》才行。我是说，当他们提到"税收法禁止税收属性交易，与此同时，也阻止开发商廉价出售他们的税收抵免"的时候。

下面这段文字是我编造的，但可能与你在新闻稿中看到的类似：

公司会越来越多地借用技术与他们的利益相关者建立联系。他们通过数据驱动的洞察力和多媒体策略进行创新，将出版、电子化以及社交媒体作为自己工具包里的重要组件。

商业编辑可能会这样解读上面这句话：

乏味的、陈旧的年度报告已经不复存在了。如今，公司正在使用社交媒体与用户和股东保持联系。

第十四章　专注、翔实、精简、消灭术语　　141

> 当心这些过度使用的词或短语：
>
> 时间点（point in time）
> 说到底（at the end of the day）
> 这不难理解（it's not rocket science）
> 影响深远的（impactful）
> 范例（paradigm）
> 带宽（bandwidth）
> 达成共识（on the same page）
> 低调行事（under the radar）
> 革新（innovate）
> 影响力（influence）
> 跳出思维定式（think outside the box）
> 说真的（literally）

　　为什么人们一开始会使用这些语言呢？当他们与同事或同行交谈时，这是有效的，因为他们了解彼此的口头表达方式。错误在于，他们用这种私人化的语言和圈子外的人交流。这样一来，就没人理会他们了。

　　我们最终没有使用那篇文章，所以我没法告诉你编辑是怎么"翻译"的。但或许可以做些简单的编辑，把之前那段话变成这样：

> 下面这些词组，可以用一个单词来代替：
>
> 总共（a total of）
> 回到（reverts back）
> 免费（free of charge）
> 涉嫌（charged in connection with）
> 逃离现场（fled the scene）
> 抵达现场（arrived at the scene）
> 说到底（at the end of the day）
> 公众（general public）

无法使用税收抵免的开发商从这些房产中捞不到任何好处，因为这些房产不允许出售。

只是小小地改了一下，却能让人们更好地理解其中的观点。

财经文章通常很难解读，这让社论编辑们很头疼。一位编辑曾将一位知名经济学家写的一篇文章分享给我们，还附上了评论：

> 嘎嘎，嘎嘎。有谁理解这篇文章吗？能帮帮我吗？
> 有必要发表吗？还是退回？

有一些我们收到的依赖术语的文章，我还是想留存并发表，因为我发现那些文章的观点很值得分享。通常来说，编辑工作都不难，只是精简与修整。也许这就是我喜欢园艺和编辑工作的原因：我喜欢将一些看起来模糊、有点混乱的东西雕刻出具体的形状。

理论上讲，如今人们越来越依靠视频和短信息进行交流，术语应该越来越少才对。但发短信不是写作，而是交谈。随着时间的推移，旧的书写习惯可能会被"交谈"所取代，因为交谈是更自然的交流方式，而且交谈的历史也早于写作。

在任何试图说服他人的尝试中，都要确保行文是合乎逻辑的，A 必然导致 B，B 又引申到 C。我记得曾有一篇文章我很想发表，它情感丰富，而且主题很打动我。文章写的是，一位女性的孩子在托儿所去世了，这位女性开始为与自己有相同处境的人发声，希望能争取更多的产假、育婴假。她相信，如果当初自己休假的时间能再久一些，孩子就一定不会死。但一位编辑指出，这种说法存在逻辑缺陷，因为即便母亲在家，孩子也有可能会死。她对育婴假的争取是有意义的，但她文章的两个部分并没有真正地联系起来——"孩子在她去工作的时候去世，但孩子的去世并不一定是因为她出去工作而导致的"。我不愿拒绝这篇文章，但没办法，逻辑站不住脚。

为了确保你的文字简洁、易于阅读，且没有充斥术语，你必须与自己的作品保持一定的距离。对此，我可以给你的最好的建议是，写完后上床睡觉，第二天一早，在脑袋里出现任何其他字句或想法前立刻读一遍，你会看到一篇不一样的文章。我在写作遇到困难时，或知道文章出了问题、不太正确时，第二天早上准能想出解决办法。为什么早些时候就发现不了呢？这一点总是令我震惊。

给你的大脑一些休息时间，然后你就可以成为自己的编辑了。

第十五章　提出创意

构思新奇的想法是写作中最难的部分。但独创性是至关重要的，因为人们会自动忽略曾听过的想法和故事。

独创性思维实际上非常稀有。如果能受到鼓励，大多数人都能找到做事的新方法，但他们要么觉得自己没有创造力，要么觉得没有机会。韩国文化院的教授金弼焕做了一项研究，研究结果表明，美国人对孩子的测试和控制，以及频繁的集体活动，导致了孩子的创造力在过去25年里持续下降。

编辑、老师或写作教练能够跟你一起"执行"某个创意，但创意得源自你自己。你或许很聪明，受过良好的教育，但仍然无法提出一个针对当前流行话题的有新意的想法。又或者你有很多创意，但无法用明智的手段把它们变成好的文章。

在《纽约时报》，我们知道，我们的工作能否成功取决于创意的质量。我们每天都开很多会讨论各式新闻，想象人们会对这些新闻作何评价。大部分会议开得很快，有时甚至没坐下就结束了。不过，我们每周会在会议室里开一次一个小时的会，会上，我会请编辑们分享自己的创意。

一些编辑寻找创意的过程有条不紊，他们通常会借助出版商的书目。我会试着阅读自己关注的某领域专家的动态（比如健康和商业），在网站或出版物上找相关的内容。

　　我认为，一个团队中的大部分人都不是有非凡原创力的人。但有时候，逼迫人们在截止日期前提出创意能够引导他们尝试做有创造力的工作。这为思考的必要过程提供了一种组织与实践的机会。你最好的一些想法可能是在淋浴或散步时产生的，也有可能是有意而为，刻意捕捉到的。

　　在每周的会议上，为了尽量减少干扰，我都会要求大家关掉手机和笔记本电脑。我知道他们觉得我的要求很荒谬，但我只是想让他们全身心地投入。（我读了很多关于提高效率的文章或书——为了驯服自己拖延的本性，我在这方面消费了不少——都建议读者把手机放在很远的地方，以防自己老是拿起手机浏览邮件或社交动态。我知道这是个好建议。把手机放在身边时，我会惊讶于自己翻看手机的频率。）

　　会议开始时，我会在房间里四处走动，询问大家在想什么。一位编辑分享了自己的创意后，其他编辑就会参与进来，表达自己对这件事情的不同看法，向写作者提出意见。如果你的工作需要不断保持创新性，这是很有压力的。创意不会像水管里的水源源不断地自己流出来。有时候，在那些会议中，我会环顾长桌，看到大家在研究纸上的内容或避免眼神接触，因为他们没有任何值得一提的想法。为了假装自己有好想法，有时他们会提及读者发给作家的建议。但他们不需要在会议上处理这些建议，他们只是怕气氛太尴尬。

　　我记得有一次，会议上一片寂静。最后，一位名叫彼得·卡塔帕诺（Peter Catapano）的编辑说："今天早上，我想到了垃圾回收的问题。"

初见彼得的时候，我以为我们在一起工作可能会有麻烦，因为很明显，他是个难以"管束"的人，不喜欢别人告诉他该怎么做，而我就是他的新上司。随着时间的推移，我意识到他是个很有独创性的人：他能提出非同寻常的创意，作家们喜欢和他共事。后来，当他发现只要他做事高效，我便不再对他的日常工作进行控制或调控时，他接受了我这个上司。如果编辑们提出了我以前从未听过的创意，那我便不在意他们是在咖啡店还是办公室里工作。我请彼得详细阐述了他的想法。

"我试着清洗一个塑料瓶里的花生酱，好让瓶子可以回收。我洗了5分钟，用掉了所有的热水。"他说，"所以我在想，这样做是否弊大于利？"

有趣。回收是一件好事——这是一个公认的做法，即便有时候研究表明，利与弊是同时存在的。寻找一篇能够挑战读者既定观念的文章总是值得的。我们一起讨论了这个想法，彼得说他会联系约翰·蒂尔尼（John Tierney）——在做自由撰稿人之前，约翰曾在《纽约时报》工作，写过关于垃圾回收利用的文章。我喜欢彼得的这个想法，因为我一直很欣赏蒂尔尼的文章，他总是能够给人惊喜。

讨论会开完了。

还有别的吗？

几条零散的评论。没有什么值得留意的。但也很好。

一篇能在周末头版发表的文章诞生了，这场会就没白开。如今，关于回收问题的那52篇文章成为我们做过的最重要的报道之一。

创意有各种各样的来源。谷歌被要求在政治广告方面更加透明之后，发布了关于某些广告位买家的身份信息，对此，肯德尔·柯林斯

（Kendall Collins）在《纽约时报》上写了一篇社论，他认为，民主党在数字广告的使用方面很失败，而共和党在数字广告的理解上比民主党高明得多。柯林斯曾在赛富时（Salesforce）[①]担任市场部主管，他了解数字广告的效果。他惊讶地发现，在民主党的非总统竞选活动中，平均只有 10%—15% 的预算花在数字频道上，剩余的大部分资金都用在了电视和电邮上——而人们每天的平均上网时间多达 5.9 个小时。柯林斯发现了这些事情背后的核心问题，将其写成了一篇令人意外的报道。

你可以通过他人的评论来获取写作创意。最近，我参加了一次读书会，读书会上有人说，未来几十年中非洲的人口增长将占据世界人口增长的一半。这个说法可信吗？这么多年来，人们关注的一直是中国的人口增长，怎么又变成非洲了？我对这个说法很感兴趣。我觉得某位作者可以根据这个说法写一篇好文章。

在生活中细心观察，你会发现某个人——可能是你的医生、你家狗狗的美容师、汽车租赁公司的一个家伙——说了些似乎值得写一写的东西。我没有夸大放下手机与人交谈的价值。当人们羞于与他人交谈或感到无聊时，就会把屏幕当成拐杖。不管你的工作是否与写作有关，都抬起头，让视线离开手机吧。

凯特·墨菲（Kate Murphy）是《纽约时报》经常合作的撰稿人，她从不用社交媒体，因为她不想写那些人们聊过几百遍的事情。但是，无论走到哪里，她都能与人展开交谈。当我告诉她，我想聊一聊她的创意产生的过程时，她让我在邮箱里查找她的报道原稿。我告诉她，离开《纽约时报》后，我便无法查看那些邮件了。她兴奋地跳了

[①] 美国科技业巨头，云计算和社交企业解决方案的供应商。

起来。她想知道那些邮件被如何处理了，有没有人看过，结果怎么样——我知道，总有一天我会看到一篇关于公司如何处理前员工邮件的文章。她的报道常常是转发或浏览最多的，我觉得这是因为她会告诉人们一些大家从未听说过的事情。她不会从新闻发布会或公关人员那里获取文章写作素材，也不会从政府官员或其他媒体人那里获取灵感，她所有的灵感都来自日常生活中遇到的普通人。如果你能进行后续调研，这些普通人也可以成为你的信息来源。

一旦有了一系列想法，你便可以深入挖掘，以确保自己的想法有原创性。在针对某件事写出一个原创观点之前，你必须了解公众已经知道哪些信息，了解自己的写作能够做哪些扩展。"是时候对科技业巨头进行监管了"——这种话题就别写了，已经有人写了很多了。你必须想出一些社交生活中还没出现的话题，一些遗珠，一些侧面。你必须了解什么是公众已知的，然后将自己的特别之处呈现出来。

如果你只是简单地重复已经被大众接受的某一观点或其对立观点，那你将无法吸引人们对你的创意产生兴趣。如果你不了解某一事实最为人所接受的层面，那你就没办法就此展开讨论。如果你不重视对立观点和民众对该观点的知晓程度，你的想法也很容易被摒弃。如果把对立面的核心论据拒之门外，你也很容易被读者拒之门外。

找不到新颖的写作创意？那还是别费劲了，除非你是个才华横溢的作家，足以让一棵常青树焕发别样的生机——在媒体行业，常青树通常指代"经久不衰的人或事物"。

散文家蒂姆·克莱德（Tim Kreider）——就是前文中那位表达对猫的爱意的作家，就很擅长这么做。他写过一篇名为《忙碌陷阱》（"The Busy Trap"）的文章，这篇文章是我执掌社论部时期最受欢迎的文章之一。《纽约时报》的大多数读者可能都知道，人们抱怨自己凯特·墨菲在《纽约时报》上发表过一篇关于《你的朋友是否真正喜欢你》的文章，文章的创意的来源，她做出了如下解释：

这个话题有很多可说的，大多数讨论都关乎"聆听"。我记得自己不止一次听到人们抱怨朋友没有回请他们吃饭或看电影，这样关系似乎变成了单方面的。如果对方不再打电话来，"友谊"实际上就结束了，因为对方不会再为维持关系而继续努力了。

还有，当然，人们会说自己在 Facebook 上有成千上万的朋友，但却无法让其中的任何一个来参加自己的生日聚会。我认识的人身上也发生过这种事。有一次，一个男性朋友过生日，结果聚会上只有他女朋友和我们夫妻俩到场。我认识的另一个人也说自己有很多"朋友"，因为他总是请"朋友"吃饭、请他们喝东西，邀请他们去自己的度假屋玩。还有，我经常会听某人说："哦，凯特·墨菲，嗯，我们是好朋友。"呃……我们不是。我只见过他们一两次，也根本不喜欢他们。我有很多熟人，但只有其中的少数，我会称他们为"朋友"。

这让我开始思考，我们所说的"朋友"究竟是什么意思。我们的朋友是谁，真正的那种？这一切在我脑海中酝酿的时候，公共科学图书馆期刊发表了一项研究，表明大多数人都不知道谁是他们的朋友。有人觉得某人是他的朋友，但对方往往并不这么认为。这项研究真正让我在意的一点是，研究人员说，这项发现对企业管理者来说是有用的，因为它暗示了某些可以用来操纵职员或顾客的方法。我的老天爷。想和这些研究人员做朋友的请举手。有吗？

被忙碌淹没，很大程度上是因为数字媒体。每个人都突然有了一堆事情要做——蒂姆对这种看法提出质疑，从而为这篇文章增加了一种新鲜感。他以一种温和的方式嘲弄了那些老是说自己忙的人。他认为，这些人只是在吹嘘自己对世界有多重要。他引导读者以一种与众不同的方式去看待这个老生常谈的主题，告诉读者，是人们自己选择了这种持续忙碌的状态，蒂姆将这种状态称作"对抗空虚"。

如果你无法通过感情饱满或充满哲理的见解打动我——能做到这一点的人很少——那就试着找一些能令读者惊讶的观点。我们以最低工资来举例。你可能认为，让联邦政府提高最低工资标准不是个好主意，采取这个政策的州最后经济都受到了影响。你认为，高工资会导致工作机会变少，当工作机会减少，将会有更多的人需要政府的帮助。你的读者或许认同提高最低工资标准，而你的观点可能会让他们产生疑问。"是我错了吗？提高最低工资标准会带来更多损失吗？"你让他们开始思考了。

《纽约时报》最近的一篇专栏文章吸引了我，因为其标题为《纳税人知道他们将数十亿美元给了企业吗？》。我之所以会读这篇文章是因为，尽管我知道各个城市和州长期以来一直鼓励公司在当地而非其他地方注册，但不知道政府给企业的补贴高达800亿美元，也不知道这些补贴是瞒着纳税人发放的。我从未听过这样的信息，所以我读到了最后。

审视你自己的生活，思考你的亲身经历与新闻相关联的可能性，这是另一种得到观点的途径。有一天，我收到了一位记者发来的邮件，她一个朋友的爸爸是天主教牧师。她认为，这位朋友的视角有助于写出一些有用的报道，比如关于罗马教宗正在考虑的对牧师禁欲问题的再讨论。常与编辑往来的写作者经常会替自己的朋友发来投稿，当然，公关人员也会为自己的委托人这样做。有时，这种方式有用。但多数时候，只要清晰简短地解释文章的观点，便会让你的文章得到期望中的关注。后来，那位记者的朋友本尼迪克特·西波拉将文章发来了。她父母已经结婚45年，但她父亲依然是个名副其实的好牧师，因为他是在结婚之后才担任神职的。西波拉认为，让"单身"成为可选项而非必选项有助于鼓励年轻人成为牧师，让他们知道自己可以选择晚点结婚，从而解决牧师人员短缺的问题。

　　我将这篇文章发给编辑们看，并附上了这样的评价："关于教宗的一篇小文，我觉得很有潜力。"一位编辑说，他觉得文章的中间部分需要做一些小修改，另外，他想知道我们是否能从一位教区居民那里收集到有用的信息，他淡淡地指出，这么多年来，"一定有人讨论过这位已婚牧师，说过一些令人难忘的话"。

　　一旦有了想法，就好好深入思考。我就有一次生动的个人经历，让我看到了如果不挖掘事物表面之下真相与规律的后果。那是寒冷冬天里的一个周末，朋友瑞秋来家里拜访。我们聊了阿齐兹·安萨里（Aziz Ansari）的事，一个女孩早先显然对安萨里有意，也同意与他发生性关系，但后来改变了主意，随后匿名但公开指控他性行为不端，安萨里由此被媒体大为贬损。我们俩觉得这件事很疯狂，很不公平，而且令人很恼火，它违背了正当的法律程序，违背了"一个人在被证明有罪之前即清白"的原则。我和瑞秋一边做咖喱，一边热烈地探讨着，她建议我将我们的观点写出来。她离开后，我就这件事很快写下了大约500字。本来打算第二天继续写，继续挖掘，但我读了凯特琳·弗拉纳根（Caitlin Flanagan）在《大西洋月刊上》发表的一篇关于这个话题的精彩文章，随后我就不想再动笔写自己那篇了。

　　凯特琳的文章里有我所没有思考过的东西，她写得很深刻。她想到了我没想到的事情，而不仅仅是分享一些即兴的观点。如果你也只是写得很即兴，你的文章可能也不会那么惊人而且有说服力。我之所以会拒绝一些投稿，并非因为它们违背了我之前讨论过的那些原则，而是因为它们不够聪明，不足以启发读者以新的方式思考。

和我不一样的是，凯特琳试图弄明白为什么那个年轻女人没有直接走出安萨里的公寓。她说，年轻女性不愿意在危急的情况下与男性正面冲撞，这归结于她的成长方式。她认为，这个女孩那代人已经习惯于期待男性展现最好的那一面，而自己这代人心里则做好了最坏的打算。

我们俩提出的观点有很多类似，但凯特琳的文章里有我没有的两个重要特点：幽默和同理心。

因此，虽然我觉得"安萨里事件"是一个重要议题的极端案例，但弗拉纳根以温柔的方式将读者吸引过来，让读者认识到，大家需要从一边倒回到平等的对话。

不要想当然地觉得其他人已经讨论过所有观点了。你依然可以从一些经典的东西中挖掘出新的方法，有时还可以揭新闻媒体的短。有一次，散文家斯隆·克罗斯利（Sloane Crosley）发来一篇文章，内容是关于女性如何以及为何总是道歉。她的灵感来自一幅新的关于不要妨碍他人的地铁宣传广告。

下回去咖啡店、图书馆或在球场看球赛的时候，你可以观察周围的人，聆听他们的对话，想想自己是否知道了以前不知道的东西。那位与小宝宝互动的母亲，她手里拿着手机吗？20年前的母亲，也会对宝宝说话、叽里咕噜地逗弄宝宝吗？这里可能就有一个故事可写。我们身边到处都有奇思妙想。只要看看你的同类在做什么，就总会联想到一些发生在自己身上的事。

单纯的聆听也可以。20世纪80年代，我在佛罗里达州圣彼得堡的唐塞萨尔酒店参加了一个冗长乏味的证券分析师的会议。会上有食品企业的人向财务人员做报告。可能是因为无聊，我萎靡不振，坐立不安。那时还没有手机，如果有，我会不会一直看手机而错过那一刻呢？突然，我听到其中一位高管说，该公司注意到，自家的顾客正在像"吃草"[①]一样进食，他们想提高产品供应量，以满足市场需求。吃草！我喜欢这个说法。人们正在像动物一样吃东西，比如奶牛——我以前从未听过这样的说法。随后我意识到，鉴于自己整日浸淫在关于饮食的出版物中，如果我从未听说过这种说法，那更不会有读者知道了。一回到纽约，我就开始做采访，随后做出了我自己最喜欢的一篇报道。向读者们介绍少食多餐这一概念是一件很有趣的事。很快，"吃草"就成了常用的俚语。

所以，去听，去看。如果你做好了准备，就可以梳理出一些新奇的内容，向自己证明，你的作品能有多令人满意。

---

① 原文为 grazing，意思是"吃草"。此处引申为少食多餐的饮食方式。

第十六章　如何"取悦"编辑

我一生大部分时间里的身份都是编辑，所以我觉得自己了解编辑究竟想要什么。如果你想发表文章，编辑十有八九会考虑你的文章是否达到了以下三个标准中的一个：是否出人意料、是否对老问题有新看法、读起来是否令人愉悦或感动。

除此之外，编辑还喜欢容易共事的人，喜欢那些能够立即回复邮件、放下手头工作来回答问题、对编校工作不会过度抱怨的人。大多数编辑都很忙，所以，你能为他们做得越多越好。编辑忘了列出接下来流程的清单？你提醒她就是。编辑改稿时改错了？你自己纠正一下就是，不要横加指责。你让她的工作越轻松，你的东西就越能顺利发表。当然，我不是说讨人嫌的、难搞的、苛刻的、自负的作者就不能成功发表文章，也能，只要他们的文章极为出色，出色到令人无法割舍。但如果你偶尔会写作并投稿，而且想得到编辑的反馈，那就做一个易于合作的典范，因为想写作的人太多了。

有作者发现自己被拒的原因是文章太长，需要做太多编辑工作，或只是内容不够惊艳，没有编辑愿意花费时间把它改成一篇成功的文章。不要让你的写作风格过于抢眼、盖过内容，这样的话，就没人在意你究竟写了什么了。有位编辑曾就某位知名作家的一篇文章这样评论："哇，呀，这里面我真正能明白的词只有一个——不明白①。"

每一类表达观点的文章中，都要有清晰的逻辑论证和结论。如果你做不到这一点，编辑会简单粗暴地放弃，转而寻找别的文章，因为总是有其他的可能性和选择。曾有一位编辑对一篇即将被拒的文章发表了平静但掷地有声的评价，令我印象深刻。她说："嗯，还不错。但没必要发表。"

你想成为不可替代的那一个，那就让你的作品不需要太多的再加工。不管看你文章的人是一名深夜备课的教授，还是一个网站编辑，你都不想给他们带去太多负担吧，你也不想让读者费太多力气读你的文章，这是同样的道理。

在你因为被编辑拒绝而气馁之前，请记住，所有评价都有主观性。世界上任何两位编辑都是不一样的。确实，有些文章写得很糟，几乎所有人都能看出它的失败。但除此之外，评价与品位和偏好有关。有一件事让我深刻地意识到了这一点。有一天，我正在给《纽约时报》的一位朋友发邮件，这位朋友编辑了一篇文章，里面提到了一条关于比尔·盖茨的小道消息，说盖茨曾透露，他最喜欢的喜剧人物类型是异装癖和英国佬。朋友告诉我，这篇文章的终审编辑觉得文章太长，想删掉比尔·盖茨那段。

文章是否能发表可能取决于被哪位编辑碰巧读到，对作者来说，这可能有些令人沮丧。如果你的某篇文章被拒绝了，可能是因为那个本来会喜欢它并会为之努力的编辑那天恰巧生病了。得知这一点，你可能会很痛苦。

---

① 原文为 bumfuzzle，意为混乱、混淆。

编辑关起门来讨论文章的时候，说的话可能都很残酷。通过共享邮箱，《纽约时报》专栏部门的员工会对收件箱里收到的邮件做出评价。为了便于沟通，我们会将文章进行分类。比如某位编辑会说，某篇文章基本上是"一个关于母亲的故事"，另一篇则大概是一个"郁闷男子的故事"。曾有一位作者在朝鲜有过一段经历，但写了一篇不太能打动读者的文章，编辑们因为拒绝了他而感到内疚，但没办法，现实就是现实。"有些细节很生动，"一位编辑写道，"但我还是觉得太肤浅了。对一个曾生活得如此艰难的人来讲，我这么说有些刻薄吧。但它就是没有我想象中的好啊！"

并不是编辑心狠，只是他们必须常常拒绝他人，而且拒绝得越及时越好，最好不要做任何解释。如果有作者问我为什么拒绝了他的文章，我是从来不会回答的。这样做是明智有效的。如果我回答每一位作者的问题，就没时间工作了。所以，如果你将自己的文章发给了某人，却没有得到回复，不要认为是自己的作品无可救药、应该被扔掉，只是编辑实在太忙了，没空去解释为什么你的文章不适合他（她）在某一天的特定需求。

虽然某些编辑记忆力很强，不需要使用搜索引擎，但我们大多数人还是会使用一些基本技巧去寻找能够为我们写出有趣文章的作者。2011年3月11日，日本遭受地震和海啸袭击，我的助理休厄尔·陈在办公室里熬夜工作，花了很长时间联系愿意为我们供稿的日本作家。没过几天，他就从小说家佐伯一麦（Kazumi Saeki）那里得到了一篇记述灾难的生动文章。休厄尔是一位孜孜不倦的媒体人，是来自中国的移民二代，获得了哈佛大学和牛津大学的学位。我与外界的大部分交流都是通过电子邮件，而休厄尔会与作家们进行长时间的电话交谈，为他们的想法感到兴奋不已，并敦促他们做得更好。休厄尔总是能对作家以及他们故事中的痛苦感同身受。我从不哭，也很少在私人问题上表露出自己的情绪，而休厄尔如果遇到困难，就会来我办公室倾诉。他会为我们某个同事或世界上某个地方发生的灾难感到难过和哭泣。在工作风格上，霍诺尔·琼斯（Honor Jones）跟我更像一些。她是个很有天赋的编辑，教会我很多评估社论文章的方法。尽管年纪相差几十岁，但我们却有几乎相同的家庭背景、编辑风格、小说阅读品位以及对特定文章的反应。

我觉得我手下的编辑们有各种各样的性格是一件好事，这也是我们将社论专栏做得有趣的原因。名词"op-ed"是"opposite editorial"的缩写，意为"对立的社论"，最早能够追溯到 20 世纪 70 年代《纽约时报》推出的社论版块。但如今，op-ed 的含义被拓展，用来描述一种特定类型的短篇幅说服性文章。这是很多人都想掌握的一种写作方式，不管是大学生、企业的首席执行官，还是诺贝尔奖得主。我在社论部的时候，就有八位诺贝尔奖获得者为我们供稿，其中包括约瑟夫·斯蒂格利茨（Joseph Stiglitz）[①]、德斯蒙德·图图（Desmond Tutu）[②]以及阿马蒂亚·森（Amartya Sen）[③]。

在社论专栏部的大部分时间里，我们的一天都是从早上 10 点 30 分的晨会开始的，大家在会上畅谈自己的观点，也聊新闻。理论上，编辑得在上午 10 点到达岗位，然后开始读新闻，寻找那些能够衍生出观点的报道。但这已经是过时的做法了，这是网络时代以前的状

[①] 约瑟夫·斯蒂格利茨，美国经济学家，2001 年获得诺贝尔经济学奖。
[②] 德斯蒙德·图图，南非开普敦第一位黑人圣公会和南非圣公会省的大主教，1984 年获得诺贝尔和平奖。
[③] 阿马蒂亚·森，经济学家，因在福利经济学上的贡献获得 1998 年诺贝尔经济学奖。

况。我们中很少有人会等到早上 10 点才开始琢磨新闻，大多数编辑都会提前一晚浏览新闻网站，我们中的一些人从早上 7 点甚至更早的时候就会开始互发邮件，讨论自己的想法。我没有权力要求任何人在那么早就开始工作，但如果他们主动提出，我也不会阻止，这样一来，即便他们在中午或白天带孩子去看牙医，我也不介意。我们不是一个 24 小时都在运行的机构——但实际上，我们不得不成为一个这样的机构。

我经常在晨会开始提及一些我注意到的事情，随后其他人就会加入讨论。我们会尝试思考一些没有人发表过的观点，并提名一些可以合作的作者。我们的文稿来源丰富，既有主动约稿的，也有作者不请自来的。想出观点，然后提名可以写的作者，这是晨会的一个重要部分。我们必须找到新闻编辑室不会继续追踪的角度，同时还需要超前的思考，甚至比在专家学者那里获取的信息还要超前，还要考虑时效性，最起码让文章在写作和编辑时不过时。我经常向一些长期合作的供稿人求助，比如帕梅拉·德鲁克曼（Pamela Druckerman）、詹妮弗·韦纳（Jennifer Weiner）或史蒂文·拉特纳（Steven Rattner），当然，前提得是，他们是针对某新闻发表观点的最佳人选。我们会针对观点进行二三十分钟的讨论，随后回到各自的办公桌联系作者。

一整天，我们都要阅读稿件，不管是约稿还是作者的主动投稿。我们在内部邮件组"Op 讨论[①]"中就一篇文章进行探讨并最终达成一致意见时，会使用速记法来标注事情的进展，比如：NMR 表示 no more readers，意为"这篇文章不行，不会有什么人读"。如果某篇文

[①] Op-Ed，社论版对页，opposite editorial 的缩写，是一般通称的报刊上的专栏部分。此处为简称。

章编辑们喜欢，我也喜欢，我会说："安排。"

通过分析别人的文章，你也能学到很多。如果你想提升自己的写作水平，那就找一些你感兴趣的案例，让自己沉浸其中，在不知不觉中熟悉并掌握这篇文章的架构。阅读受欢迎的文章，试着找出其受欢迎的原因。如果你想写一篇演讲稿，那就去看看那些伟大的演讲。

如何撰写并推广一篇议论文

1. 了解刚刚发生过的事情，找一个与众不同的角度。

通常来说，吸引编辑兴趣的秘诀就是用与众不同的方式看待某些事情。如果你想写的话题是"为什么哮喘药那么贵"，那你要知道，已经有人写过了。但是，你可以将文章重新设计一下，讲述一个医生在这个极为重要的问题上与自己所在的医学协会存在分歧，这个角度就足够与众不同了，可以基于此提出自己的重要观点。

2. 提出论点，并提出解决方案。

我们假设，你认为足球运动员不应该在奏国歌时单膝跪地，正在就这一观点撰写文章。那么你得告诉我，不让运动员单膝跪地，是否会侵犯他们的自由选择？还有，就此问题，运动员的老板需要采取什么行动？你得提出一种主张，而不仅仅是针对问题进行分析，或仅仅对其他人提出的解决方案鼓掌叫好。你的主张必须清晰，而非对读者已经同意的观点进行再肯定。我曾收到过一篇企业领导人团体写的社论文章，文章哀叹了教育的缺乏，也称赞了某个致力于提供电脑教育资源的城市。这并不是一篇有说服力的文章，没什么惊喜，也不比新闻更深入，充斥着令人昏昏欲睡的文字，例如"多元""倡议""合作"等，也缺乏真实的人和故事。

3. 聚焦。

确保你的故事有一个中心论点，并将其清晰地呈现。文章的标题通常由编辑来定，但如果你想确保自己的文章紧扣主题，还是得写一个标题。如果你觉得这样做有困难，那是因为你的文章尚未紧紧聚焦在一个容易解释的中心论点上。如果这样，请一直修改，直至你能写出一个令自己满意的标题。

4. 迅速表达出你的主要观点。

许多年前，我从好友约翰·埃姆斯威勒（John Emshwiller）那里得到了一个好建议，关于如何为《华尔街日报》写一篇报道。我俩是在伯克利分校的《加州日报》认识的，大学毕业后，他开始供职于《华尔街日报》，还帮我找到了一份工作。在花了几周时间做采编之后，我试图写一篇头版报道。当时，我必须把大量的资料整理到一起，让它们看起来简洁齐整，充满趣味，那实在是一项浩大的工程，我每天都熬夜到很晚，苦苦挣扎。最后我问约翰，我到底该怎么做。他是这样回答的：你在聚会上怎么跟人聊天，文章开头就怎么写，找最有趣的聊。那个建议仿佛醍醐灌顶，改变了我对那篇报道以及之后许多文章结构的看法。到了《纽约时报》社论部后，我总是会想起约翰和他的建议，因为在这里，我看到了太多把最有趣的想法埋葬的聪明人，他们似乎认为，文章不应该一上来就"交底"。

5. 即便时间还来得及，你也还是得加快速度。

好的时机很快就会过去。如果你想说服编辑审核你刚写好的文章，那就赶紧发过去，别拖延。不要因为追求完美而瞎折腾，快点发过去。你肯定不想让自己的文章是编辑当天收到的第三篇关于网络技术发展的文章，而此时编辑可能已经决定采纳收到的第一篇了。如果你写的是关于某个纪念日或活动的文章，那么至少要提前两周提交，为编辑的后续工作留出时间，也让自己占到先机，这样一来，你肯定比那些只提早四天交稿的人有优势。

6. 关注文章段落的顺序结构。

编辑们会花很多时间重新思索和组织文章。通常来说，作者往往无法以最好的角度将他们了解的事情呈现出来，也可能不了解对大众读者来说最有吸引力的是什么。我们的线上讨论经常是关于文章内容顺序的，我们关心的是：在这篇文章里，读者接收到最重要的信息所花的时间有多短（或多长）。很多时候，在读一篇社论文章时，我喜欢文章中的想法和文采，但又觉得文章顺序有问题，随后我会打乱顺序读，直至觉得文章顺利衔接。因为文章不是出自自己之手，不会当局者迷，所以纠正起来不难。最好的写作顺序，通常就是你面对面给他人讲故事时会用的顺序。

7. 陈词滥调和行话一定减分。

正如我之前提到的，一切说明性的文章中，你都要避开陈词滥调和行话。议论性的文章，就更要注意这一点。相对于读者，编辑们往往对陈词滥调更敏感，因为他们每天都在阅读。我记得一篇来自某位杰出运动员的投稿，他的文章里就充满了无聊的词句。最后，有位编辑这样评价："我觉得自己正在一个长达110英里的陈词滥调泳池里游泳。"

8. 避免老生常谈的主题。

曾有一位著名小说家写了一篇为禁书辩护的文章，这篇文章被拒了。对那些同样反对禁书的读者来说，实际上没有必要再点开这篇文章阅读了。正如一位编辑说的："'为禁书辩护'是我所能想到的最简单、最没用的社论话题，尤其是在'禁书周'期间，这种事情还要特地拿出来说吗？"对此，所有编辑的看法都惊人的一致。看到这类文章时，我总是会为作者们感到难过。

9. 不要公然在文章里"推销"。

你可以写一些与你的业务间接相关或源自你专业知识的东西，但你必须清楚地说明个中关系。打个比方，伊齐基尔·J. 伊曼纽尔（Ezekiel J. Emanuel）经常会为《纽约时报》写一些有关医疗保健的文章，每当触及平价医疗方案（也就是大众所熟知的奥巴马医保法案）时，他都会透露自己曾参与过总统这套法案的起草工作。这没什么问题。再举个反例，如果你在社论文章中说自己的线上服装生意有多好，这篇文章可能就不会有媒体愿意发表了，因为这样的文章读起来就像在为自己的品牌做广告，哪怕你的生意真的有社会效益，比如你卖的衣服是为很难在商场选到合适衣服的超重女性设计的。

还有一个问题：怎样判定自己的文章是否已经可以提交给编辑或你的老师呢？如果篇幅不长，可以看一下文章的基本要素是否具备：是否清晰地聚焦于一两个观点；叙述是否有逻辑，能让读者一口气读完，不会让读者有"这句话前几段提过吧"的感觉；是否有首创性，并以自己了解或擅长的领域为基础；是否连贯顺畅，你不想让读者觉得"不太明白，得重读一遍"吧，读者可能也不会重读，只会找一些更有意义的事情去做。

  总之,如果你愿意竭尽全力让读者满意,就一定会找到一个愿意发表你作品的编辑。

第五部分

说服心理学

第十七章　人只信自己愿意信的

人们都会坚持自己的想法和信念，想改变他们的观点很困难。每个人都觉得自己很聪明，消息灵通，对自己持有的观点很自信。人们会抗拒其他看问题的角度，这并不是因为愚蠢和狭隘，只是因为人们在潜意识里会保护自己的立场。

所有人，无论是保守派还是自由派，都不喜欢自己的立场受到挑战。这会让我们感到不舒服，将其视作一种威胁。我们不太能发现自己观点的漏洞，却很擅长发现其他人的漏洞。心理学家发现，我们会更关注能够支持自己信念的论据，忽略不利于自己信念的论据——这被称作"确认偏差"。因为我们会主动寻求能够佐证自己所信观点的信息，我们的观点也往往会随着时间的推移变得越来越坚定，我们会越来越喜欢和与自己观点相同的人相处。

我们会在现实生活或网络中寻找共同体。保罗·克鲁格曼（Paul Krugman）是《纽约时报》一位很受欢迎的专栏作家，也是一位诺贝尔奖经济学奖得主，他的热心读者们经常就他的文章发表评论，其中的大多数人与克鲁格曼持相同的观点，很多时候，他们是因为想成为与克鲁格曼有同样想法的共同体的一员，才发表评论。

我们不仅会寻找支持自己信念的信息，还会付出很多努力去反驳那些会在情感上扰乱我们的观点，有时这种努力会显得不够理智。当我们对某些事物的信任和信心受到挑战时，可能反而会更为坚定地支持它们。

这种"部落主义"，这种对威胁的排斥，似乎是一种非理性的世界观，但其实并非如此。身处一个持有同样观点的共同体，会让我们更容易在世界上生存，所以"确认偏差"是一种进化的结果。我们之所以坚持自己的观点，是因为这些观点让我们获得了一种明确的身份，让我们有团可抱，让我们知道自己是谁，从而保护自己不受外界伤害。我们所持有的观点保护并帮助着我们。

很多人从自己的家族中继承了特定的政治倾向，而且从未改变。还有一些人会从同辈身上获取思想和价值观念。每个人都需要成为某团体中的一员，当我们的信念与我们的所在团体产生分歧，我们会掩饰自己的部分信念。假设我有一个思想开明的朋友，平时会阅读关于气候变化的文章和数据，但他加入了一个共和党派的乡镇俱乐部，当他在俱乐部的朋友们一边喝酒看比赛，一边取笑那些为海平面上升演讲呼吁的环保人士时，他会保持沉默。他的同伴们可能不相信气候变化已经成为一件十分紧迫的事情。如果他保持沉默，他不会损失什么，更重要的是，他的沉默并不会伤害那些环保人士对气候变化所做的努力。但是，如果他表现出与同伴们不一样的观点，可能会伤害到自己。

当代人生活在自己的小世界里。很多人批判过这种现象，但人们确实有足够的理由与那些在重大问题上与自己感同身受的人抱团待在一起。在群体中意味着安全，这种安全是精神层面的安全，有时甚至是身体层面的安全。（如果你觉得自己无法融入所处的工作团队，甚至无法融入自己的家庭，那你极有可能会离开，重新寻找更能合得来的人。）

一旦你与他人建立起共性，那你最终总会接受团体成员的观念。你会对一个团体产生认同感并努力使其壮大，并提升其成为社会中的统治集团的可能性。我们选择朋友时，某种程度上来说，也是在选择自己的观念，因为我们变成了团体中所有观念的组合体。如果你觉得你的朋友们会支持某项具体政策——比如，通过帮扶企业来减税，因为对底层员工有好处——你大概率也会支持。如果你与一个和自己想法不同的人来往，那你大概率会越来越怀疑对方的观点。

大多数人认为，他们的观点，是通过仔细研读专家的研究成果获得的，但事实正好相反。我们相信什么，并不是由具体问题衍生出的正面或反面的信息决定的，严谨的阅读不会影响我们的信念。人在信念的选择上是更情绪化的。纽约大学心理学家乔纳森·海特（Jonathan Haidt）认为，我们的观点是由内心一开始的感受决定的，随后我们会寻找各种论据来支持自己已经相信的事物。

海特写了《正义之心：为什么人们总是坚持"我对你错"》(*The Righteous Mind: Why Good People Are Divided by Politics and Religion*, 2012）一书，他指出，亲密能够减少分歧。一个学生更有可能与隔壁宿舍的同学成为朋友，而不是与相距四个房间的同学成为朋友。这个结论还可以引申到更大的社会层面上，因为海特的研究还表明，那些拥有至少一个来自其他政党的朋友的人，就不会那么讨厌该政党的支持者。我们越熟悉一个人，往往就会越喜欢他。这甚至可以延伸到家具上——你拥有一个沙发的时间越久，就会越喜欢它。动物也一样，你一开始觉得不讨喜的狗狗，越接触就越喜欢，如今你会为它拍照，爱上它交叉后腿的奇怪姿势。我们天生就会追随他人，虽然我们更愿意认为自己是独立的个体，但我们并不会"独立"地做出决定。我们喜欢探究自己所在团体中的人在做什么、想什么，避免让自己成为格格不入的怪胎。我们会假设其他人在某种情境下的所作所为是正确的。这是我们习得行为方式的一种途径。

我们看到其他人在做某件事时，会更倾向于认同，即便有时我们根本不了解对方。这解释了为什么人们宁愿去排长队的餐厅吃饭，也不愿去人少的餐厅，也解释了为什么名人代言如此有效。诺瓦·J. 戈尔茨坦（Noah J. Goldstein）、罗伯特·西奥迪尼（Robert Cialdini）和弗拉达斯·格里斯克维西斯（Vladas Griskevicius）三人一起做了一项研究，研究发现，如果人们在住酒店时被告知，大多数客人都重复使用了毛巾，并不要求每天清洗更换，那他们也会采取同样的做法。群体影响的力量是很大的。即便你不认识酒店里其他的客人，但住在同一屋檐下这一事实会让你们成为一个团体。

我们大多数人都讨厌不确定性，因此，无论遇到什么事，我们都想给出解释，而且无论这些解释合理与否，我们都会紧紧抓住不放。有强烈"闭合需要"①的人会迅速做出决定，拒绝接收更多信息。不太有闭合需要的人能够接受更大程度上的不确定，但可能不那么容易做出决定。不过，人是否有闭合需要，可能也取决于所处的环境。社会心理学家阿里·克鲁格兰斯基（Arie Kruglanski）发现，在瞬息万变、压力重重的时代，我们有更多的闭合需要。例如，克鲁格兰斯基和他的研究团队发现，"9·11 事件"后恐怖主义威胁加剧，总统乔治·W.

---

① Need for Closure，心理学术语，用来描述个体对问题确切答案的强烈渴望以及对模棱两可状态的厌恶。

布什的支持率也有所上升。人都不喜欢不确定感，所以会更认可总统"必须采取行动"的决定，即便这些行动是对伊拉克展开袭击。

意识形态一旦占据主导位置，就会产生巨大的影响力。心理学家德鲁·韦斯滕（Drew Westen）在其作品《政治大脑：情感对国家命运的决定性作用》（*The Role of Emotion in Deciding the Fate of the Nation*，2007）一书中提及，在一次实验中，研究人员在被试者观看自己喜欢的候选人的影像资料时扫描了他们的大脑。在影像资料中，被试者喜欢的候选人表达了与之前立场相矛盾的观点。一旦被试者意识到了矛盾，其大脑中主导理智的部分就停止工作，将会引发问题的信息拒之门外。还有一些研究人员注意到，人会拒绝接收可能具有挑战性的信息。但故步自封会让人变得……嗯，有些愚蠢。耶鲁大学法律与心理学教授丹·卡汉（Dan Kahan）发现，自由派和保守派在分析回答气候变化的相关问题时，都会确保他们的回答能获得情感上的共鸣。实际上，这些人优越的智力水平以及逻辑思维，并没有让大众更关注科学依据，反而加剧了大众在"人类的行为是否加剧了全球变暖"这一问题上的两极分化。

温尼伯大学的杰里米·弗里梅（Jeremy Frimer）所做的一系列研究再次证明了人们极力回避其他观点的强烈愿望。在一项研究中，研究人员在网上招募了202名美国人，将他们按照支持同性婚姻或反对同性婚姻分为了两组。研究人员告诉被试者，如果选择阅读支持自己立场的信息并回答问题，他们将得到7美元。如果选择阅读反对自己立场的信息并回答问题，他们会得到10美元。结果，大多数被试者都极力避免选择与自己对立的观点，即便会错过拿到更多钱的机会。不管是自由派还是保守派，人们想避开挑战自己观念的信息的愿望同等强烈。科学家们后来又在另外245名美国人身上重复了这个实验，得到的结果相同。针对其他议题进行实验,结果还是一样。普遍来看,人们只想听与自己观念相一致的人发表意见,这些意见可能包括重要的政治问题,也可能是关于日常的小决定,比如选择百事可乐还是可口可乐。

人为什么要如此固执地坚持自己的观点?一方面在于,我们不想让自己的大脑同时秉持两种相对立的信念。另一方面,我们只是不愿意承认,人与人之间的观念差别如此之大。我们不愿意因自己的选择后悔,我们不认为这种事情会发生在自己身上,所以我们选择视而不见。没有人想把自己一直秉持的观念搁置一旁。与此同时,我们也理解不了,为什么有些人就是不愿意放弃那些我们认为的"明显错误的观念"。

坚持自己的信念,我们会获得更多心理上的舒适感。

但你不会永远相信你所相信的。人都会变。可能在某个令人费解的时间段里,我们会忽略某个观点存在的错误,忽略那些极具说服力的反证,但我们终将无法忍受真相与自欺欺人之间的落差。所以,我们最终会改变观念。

即便你成功改变了他人的想法,也不要指望他们承认自己改变了想法。为了保护自己信念的神圣性,人们甚至会自我欺骗,20世纪60年代总统选举中的选民们就是这样的。那次,约翰·F. 肯尼迪最终以微弱的优势赢得了总统选举。然而,在肯尼迪被暗杀后,数百万群众表示他是最佳的总统人选——其中有64%的人告诉民意调查官,他们曾投票给肯尼迪。有些人一直秉持的信念已经改变,他们因此改写了自己的历史,承认了自己没有做过的事情。

第十八章 道德价值的力量

亚瑟·布鲁克斯（Arthur Brooks）是一个充满激情的基督徒，也是一个坚定的资本主义拥护者，他相信，自由市场是改变所有人命运，尤其是穷人命运的最优之选。但他明白，在某些方面，他对资本主义的拥护让他显得很可疑。亚瑟定期在《纽约时报》上写文章，发表意见，他知道，《纽约时报》的读者中有很多自由派，这些人在大多数问题上可能与他意见相左。

我为亚瑟的每月专栏做编辑期间，他是美国企业研究院的院长，他在不同事物之间寻找共性的能力令我印象深刻，比如有一次，他决定写一篇关于美国校园里缺乏保守派教师的文章。面对自由派拒绝为保守派提供教师职位的状况，他没有将自由派称作"伪君子"，相反，他以柔和的笔触让读者感受到了亲近。

与典型的自由主义者一样，亚瑟也赞成多元化，认为这是一件好事。虽然我猜他是凭直觉做到的，但他的确遵循了"说服"的所有原则：他以同理心为基础，与读者建立起一种联系，表明自己关心的事情和读者关心的没什么不同。随后，他会向读者介绍一个基于共同价值体系的观点，让读者产生共鸣。

某种程度上说，这算是一个小诡计。与读者建立共同的目标之后，亚瑟引用了一项新研究，该研究发现，在学术界，持保守政治观念的社会心理学家与持自由观念的社会心理学家的人数比例大约为1∶14。他写道：研究人员发现了某种证据，能够证明学术界对保守派研究者及其观点存在歧视与敌意。在一项调查中，79%的社会心理学家承认，同等学力下，他们更愿意雇用自由派学者并与之共事，而非保守派学者。这是一个压倒性的比例。

亚瑟这招很高明，因为他的论点正是基于自由主义者的核心道德价值观——公平。所以，自由派读者会对此做何反应？还会坚持认为对保守派区别对待是没问题的吗？不太可能。我不知道亚瑟的文章究竟改变了多少人的想法，但至少改变了我的。亚瑟先是利用了道德价值，随后告诉读者，这种道德价值没能得到真正的实现，这种方法很聪明，让我开始以一种全新的方式去看待保守派。

在那篇文章中，亚瑟使用了说服技巧中最重要的策略：从读者（而非自己）的价值观和道德观出发。道德观是一种无论怎么去强调都不过分的东西。一些研究表明，相比性别、种族、财富、受教育水平以及政治面貌，道德观和价值观更能影响一个人的观念以及投票方向。

怎样才是好的生活？怎样才是好的社会？人们对此有着强烈的直觉，会支持符合自己直觉的观点。如果你不了解读者的道德框架，你的言论就无法令他们信服。你不能指望他们改变自己的基本价值观，所以，你必须以一种符合他们价值观的方式来阐述观点。

自由派和保守派有着不同的道德观和价值观。通常来说，自由派更在意平等和公正，保守派则更在意忠诚、爱国主义、尊重权威以及道德的纯洁性。共和党往往与"精神的、宗教的"联系在一起，民主党则是"世俗的、注重物质利益的"。一些心理学家认为，价值观的差异性与教育方式有关，如果一个人儿时缺乏安全感、家庭教育严苛，他就会抗拒自由和多元。对保守派来说，家庭的价值和自己在家庭中的角色，要比平等、自主更重要。

社会学家发现，如果表达者的论点契合受众的道德价值，就会更容易被接受。但这可不是一件容易的事。人们习惯于从自己的道德观念出发去阐述观点，因为除此之外，他们并不了解其他的说服手段。把自己放置于受众的大脑中，摸清他们的观念并以他们的视角出发看问题，这不是一件容易的事。

斯坦福大学的教授罗伯·维勒（Robb Willer）与多伦多大学助理教授马修·范伯格（Matthew Feinberg）一起做了大量研究，他们发现，人更愿意接受能佐证自己价值观的观点。与此同时，人在提出论点时，很难做到从受众的角度出发。

研究过程中，维勒和范伯格请自由派被试者就同性婚姻写一篇有偿的、能够说服保守派的文章，结果，只有9%的被试者按照保守派的价值观去写，大多数人是按照自己的公平价值观去写。很显然，如果他们想说服保守派，就应该强调爱国主义精神、集体忠诚之类的价值观，打个比方，"同性夫妻也是自豪且爱国的美利坚人"。保守派也一样——被试者被要求写一篇文章，以此来说服自由派同意将英语作为美国官方语言，结果只有8%的保守派被试者按照自由派的道德框架去写，59%的人仍彻底按照保守派的观念去写。

维勒和范伯格还想看看，怎样才能说服自由派支持增加军费开支，于是又做了一个类似的实验，发布了两条论证信息，一条为："我们应该'为我们的军队感到骄傲'"；另一条为："军费开支是必要的，因为穷人和弱势群体能够借助军队'获得平等的地位',从而脱离贫困"。结果表明,如果自由派读到的是后者(即关注平等)而非前者(即爱国精神),他们会更愿意支持增加军费开支。

> 以下是乔治·拉考夫改变信息框架的方法:
>
> 如果反移民政客说:"移民是××(某种负面标签)。"
> 你可以这样回答:"移民是××(某种正面标签)。"
> 举几个例子,你可以说:"移民是我们的邻居。""移民是我们的家人。""移民是我们的英雄。"
> 而不要说:"移民不是××(某种负面标签)。"
>
> 环境问题也同理。
>
> 如果化石燃料公司说:"煤炭××(某种正面标签)。"
> 你可以这样回答:"煤炭××(某种负面标签)。"
> 举几个例子,你可以说:"煤炭很脏。""煤炭很危险。""煤炭有害。"
> 而不要说:"煤炭不××(某种正面标签)。"
>
> 直接说出你相信的就好。无论当下有什么问题或争论,记住,"不"这个字眼往往会让你重复对立方的观点,让听众或读者更有可能牢牢记住对立方的观点。

类似的价值取向对政治和公共生活有着重大影响。乔治·拉考夫（George Lakoff）是加州大学伯克利分校的语言学教授，也是《别想那头大象》（*Don't Think of an Elephant! Know Your Value and Frame the Debate*，2004）一书的作者，他认为，相较于民主党人，共和党人更善于利用自己的道德价值观进行宣传，影响民众。民主党人则坚信，事实才是说服他人的途径，却因此蒙受了损失——这种观点在18世纪的启蒙运动中就已经出现了。拉考夫还说，进步派人士得让自己传达的信息更正向，强化自己所说的，避免让对立阵营获益。他将这个过程描述为：改变人们看待问题或争论的框架。

拉考夫还写道，为了更好地对民众施加影响，民主党人得改变他们使用的词语。例如，谈及政府在空气和水质保护问题上的角色时，民主党人总会说"联邦的规定"，不妨改说"联邦的保护"。对保守派人士来说，他们可能更愿意看到一个保护自己的父亲或家庭的形象。另外，民主党人还可以在讨论税收问题时做出改变，不要只关注税收问题本身的艰深讨论，而是谈谈税收的用途，比如"公共资源的投入"，这样一来民众就会明白，政府在为我们所有人的生活买单——学校、道路、桥梁、法院，等等。

自由派和保守派价值观的差异有没有令你大吃一惊？其实没什么可吃惊的。你可以观察你正试图影响的人，在他们的立场上思考，想想他们关心的究竟是什么。正如亚瑟在他那篇关于保守派教师数量的文章里提及的那样，关注人们内心真正的关切，这会让你更有可能改变他们的固有观念。

第十九章　改变人们观念的究竟是什么？

是什么改变了人们看待世界的方式？这很难定义。

我只能回顾自己的生活，就"是什么让我脱离了我的共和党派家族并接受其他不同观点"展开猜测。

成长过程中，我一直会对自己面对的不公感到内疚。我母亲一直雇用管家，我从未见她做过任何家务，直至她嫁给我继父。那年我14岁。因此，在我长大的房子里，床铺永远清爽整洁，轻薄的夏凉被上铺着熨得整整齐齐、绣有花押字的床罩，银器总是擦得闪闪发光。母亲在她的家族企业工作，但我不知道她具体是做什么的，她也很少提及这些。

是谁将家里的一切打理得井井有条呢？玛格丽特·韦斯（Margaret Weiss），我们叫她玛吉。她本来已经在大学就读，但在经济大萧条中家道中落，她不得不辍学。她本来想成为一名家政学教师[①]，但最后成了一名女管家，起先为我外公外婆服务，然后为我母亲服务。

---

① Home economics teacher，讲授家庭健康、生活方式、饮食方式、预算、育儿、营养学、卫生、时尚和纺织等主题课程的教师。

在我母亲和玛吉身上，我明白了许多，并影响我到今天。首先，努力工作并不总是会有回报。玛吉在我们家有免费食宿，但赚得很少。母亲吃住也不花钱，因为她就出生在这个家里。其次，有钱并不是快乐的必要条件。玛吉没有钱，但她很快乐。她不再为我母亲做管家很久之后，我依然和她有联系。她有三个很成功的孩子，她的晚年也因此很幸福。而我的母亲，在嫁给我继父之前，似乎一直对生活不满。

我在情感上已经准备好成为一个"不相信人能够通过自己的技能和努力创造美好生活"的人。我成了一个自由主义者。

在其他人身上，这种转变又是怎样发生的呢？我的朋友亚瑟·布鲁克斯（Arthur Brooks）出生于西雅图一个自由派家庭，后来他成了一个保守的天主教徒。我们俩似乎在政治身份上互换了位置，但仍有相似的价值观。我对他十分钦佩。

亚瑟皈依天主教是在15岁时，他在学校组织的墨西哥旅行中参观了瓜达卢佩圣母堂。他仰望神像，觉得圣母玛利亚对他显灵了。几个月后，他在西雅图改变了信仰。

他的父母信奉新教，对此不太高兴，但他们觉得，天主教怎么说也好过毒品——亚瑟八年级就开始吸毒了。亚瑟经历的第二次转变是职业上的。二十五六岁时，亚瑟生活在巴塞罗那，是一个生活放浪的音乐人，政治观念激进。"我把自己想象成一个追求社会正义的斗士，对资本主义抱有一种温和的敌意。我'知道'每个人都知道的事情：资本主义对富人是好事，对穷人却是坏事。"他在《美国》（America）杂志上的一篇文章中讲述了自己的两次转变。

但是后来，亚瑟通过函授课程重新开始接受大学教育，他在学习经济学课程时了解到,他来到世上的这些年,已经有 20 亿人脱离了贫困。此外,几乎所有发展经济学家都认为,这样的成果是由全球化、自由贸易、财产权、法制以及创业精神带来的。由此,他成了美国自由企业制度的追随者。他放弃了音乐生涯,拿到了政策分析博士学位,开始在美国企业研究院(一个拥护资本主义制度的智库,位于华盛顿)教授经济学和社会创业课程。

那时的我正在为社论专栏寻找"保守派的声音",亚瑟主动提出和我喝咖啡。我几乎立刻就被他的热情、聪敏的头脑以及简明清晰的写作所吸引。

人究竟是被什么改变的?我对此很好奇。我问很多人,他们是否能意识到,他们并非与生俱来就相信某些东西,究竟是什么让他们选择相信呢?很多人无法回答这个问题。他们的观念成了他们自身的一部分,已经不记得改变是在什么时候、怎样发生的了。

我能想到自己受事实影响的例子,但我经历的大部分变化都是循序渐进的。搬去纽约后不久,我完全接受了朋友们的观点——他们认为,房租管制和租金调控法是一件好事,也是让人们能负担得起纽约公寓租金的唯一方法。但是后来,我与纽约大学的一位经济学教授成了朋友,他对这件事却有不同的看法。他认为类似的规定不公平,因为它们没有帮助到穷人,帮助的只是恰巧先来到这座城市的人,却又让他们无法离开这里——他们被高昂的房租收入"困住"了。有朋友向我提及房租问题时,我开始思考这位经济学教授的话——穷人并非房租补贴预想中的受益者。我虽然没有在一夜之间改变自己的想法,但我看待这个问题的角度确实产生了微妙的变化。

社科研究人员以及更早时期的哲学家,早已明白是什么让人发生改变的,但对此,他们并没有提出简单的步骤,也并不期待立竿见影的效果。有时，改变是在个体身上发生的，有时则通过媒体传播给大众，迅速且效果惊人，比如"Me Too"。这个集体活动将性骚扰问题和女性的工作生活展现在所有人面前，也葬送了许多有权势的男性的职业生涯。

以下是一些行之有效的说服方法，由领域内专家几十年来的研究成果总结而来。

有些基于学术研究的建议只适用于一对一的讨论——比如你想让你的妻子把衣服收拾得更好。另一些则适用于写作或演讲。前面的章节已经直接或间接地提到了其中一些方法，但我觉得把它们列成一个单子对读者会更有帮助。

专家的说服方法

给予。如果你能弄清楚他人想要什么，并确保他们能够得到，他们就更有可能给你你想要的东西。即便是一份小小的礼物，也能促使人们去做你想让他们做的事。人都喜欢收礼物，有回报才会更愿意付出。这就是为什么《纽约时报》和《华尔街日报》严格禁止工作人员接收礼物。我记得自己在《华尔街日报》的时候曾收到过一份熏鸭，因为没办法还回去，我将其寄送给了慈善机构。但花是个例外，因为我觉得如果不收下，它们只能被当垃圾扔掉，太浪费了。即便如此，我还是会把花束放在办公室的公共区域，而不是自己的办公桌上，这样一来，我就不会想起有人想让我帮他做什么事儿。

大胆请求。很多人不喜欢向他人发出请求，所以我们干脆不去请求。这是个天大的误解。请求没什么坏处。研究表明，人们普遍低估了他人直接答应一个请求的概率。

谦逊一些。别把话说得太满,要加以限定,承认你并不是什么都懂。这也是在向对方传达"我愿意倾听"的态度。如果你说"有可能是真的",你的受众就更容易同意你的观点。如果你的受众持有与你不同的观点,那就想一想使用哪些词语能够减少你们之间的对立。

如果你告诉你的同事"那个活儿你该做完了吧",对方一定会抗拒,这是很自然的。但如果你说"那个活儿还没完成,我压力有点大啊",你就去除了其中的谴责成分。

研究人员还发现,如果你更常提及他人的名字,就更有可能赢得对方的喜爱或信任。

与持有不同观点的人友好相处,你得看到这其中蕴藏的价值。这会让我们变得更聪明,也更灵活。

你或许无法改变世界,但你可以稍稍改变自己,多接纳他人。在谈话一开始指出你或你这一方在立场上存在的问题,就能立即将讨论带离"战斗模式"。

让人们解释自己的立场。有学者证明,人们只有在意识到自己必须向见多识广的人说明想法时,才会强迫自己进行辩证思考。

这意味着,如果你在讨论或辩论,你需要引导对方将自己的想法解释清楚,询问他们将如何把想法落到实处,或他们认为某些现行的规则是如何起作用的。如果你试图让某人讲述自己的观点,但他无法表述清楚,他就会意识到自己论点中的漏洞,从而更容易听取你的观点。当人们无法解释为什么他们相信某些事物时,就更有可能削弱他们相信的程度。

使用图表。2018年的一项研究中，政治学家布伦丹·尼汉（Brendan Nyhan）和杰森·雷弗勒（Jason Reifler）想搞清楚，为什么美国人会有这么多"误解"。他们想知道，提供正确的信息是否能将人们从错误的观念中带回正轨。

在几次测试中，他们发现，相比文字，图片更能有效地帮助人们接收信息。然而，即便信息的呈现方式天衣无缝，在传播过程中也仍然会遇到阻力，因为人们拒绝接受那些会威胁到他们价值观的观念。他们发现，自我肯定练习虽然偶尔会让人们变得开放包容，但其作用并不像之前研究表现出的那般强大。

讲述为社会所接受的共识。每个人都想与其他人一样，想符合社会标准。如果你向他们展示某个观念是一种社会共识，同时又避开了对抗性，你的受众就更有可能接受这个观念。

了解人们的恐惧。人们内心的恐惧以及恐惧程度会影响他们的政治信仰。政治心理学研究表明，保守派对人身威胁的反应要强过自由派，他们对人身安全的担心可能在他们很小的时候就产生了。

这也解释了自由派政治家为什么总是向公众暗示"危险是可控的"，而共和党人更愿意强调移民或恐怖主义的风险，因为挑起恐惧能够帮助他们获得选票。

还有研究人员证明，当人们对流感感到恐惧时，他们更有可能反对移民。对流感没那么害怕时，对移民的抗拒也会减弱。人的观念受潜意识的动机所影响，而那些想要对我们施加影响的人，正好可以利用我们的潜意识动机。

建立分歧能够减少坏习惯，消除分歧能够制造好习惯。人们都愿意选择最容易走的路。这不是懒惰，而是人的天性。人会被一切更容易的事物吸引。派对上，我们会选择吃葡萄，因为葡萄很容易塞进嘴里；吃自助餐时，我们会选择饼干，而不是容易弄脏手的大块馅饼。人会排斥阻力。

如果你想说服他人停止做某件事，那这件事就变得更难做，而不是更容易做。当可以吸烟的地方变得越来越少时，美国的吸烟率也随之下降了。想抽烟时，如果你得离开办公桌，乘电梯下楼，在20度的天气里在户外站着，你就会觉得很麻烦，索性决定不抽了；如果你想让人们多喝水少喝汽水，那就往自助饮品机里储水，别放汽水；如果你不想吃那么多糖，那家里就别放糖，想往茶里放一勺糖的时候你得开车去超市买，因为不值得跑一趟，于是你就不想吃糖了；如果你想多社交，那就参加一些固定的晚餐会，这样就无须每次都费心组织了；如果你想减少花在社交媒体上的时间，那就卸载手机里的软件。

热情友好。让人们喜欢你。赞美他们。我们都会对"赞美"做出回应。人愿意对自己喜欢的人说"是"，对自己不喜欢的人说"不"。在解决分歧之前，人会先谈论彼此之间的共同点。

消除情感上的阻碍。如果你想让别人倾听你的想法，你不能让他们不安。你得缓缓靠近他们，消除人与人之间天然存在的障碍。

基于价值观定位你的受众。不要随意评判。要了解你的受众是谁，以此作为依据调整你的作品。我们假设，你正在劝说家里最后一个拒不让步的烟民戒烟。研究证明，如果你将戒烟与此人的身份认同方面联系起来，就更有可能成功说服对方。所以，如果你表达出"你会成为一个更好的人，更好的父亲，更好的社区一员"——无论你的受众最在意什么——你都更有可能成功改变对方的行为。对某些人来说，"活得更久"的信念能够产生影响；但对另一些人来说，这种观念太过抽象，思考"自己的早逝会给家人带来怎样的损失"可能更容易令他们做出改变。所以，你可以将行为改变与个人身份认同中的核心部分联系起来。做到这一点可能不容易。不过，改变任何一种长期的观念或习惯都是不容易的。

表现出自信和权威。同时保持谦逊和自信很难，但并非无法做到。你得让你的自信有沉着的气质。

绝不重复不认同的观点。你要有自己的逻辑和架构，这样就不会对你不同意的观点进行重复表达，从而助长对方的气焰。

点滴努力，一步一步来。我对气候变暖感到沮丧，却又不知道自己能够做什么。但如果有人告诉我，平日里做些小事就能尽一份力，我一定会被说服。这就是为什么我这些年来一直坚持进行垃圾回收，尽量不使用纸巾——即便从宏观的角度看，我的这两个行动可能毫无意义，但我觉得自己的行动能够带来改变，所以我坚持这么做。

以上内容只是社会科学研究中的一小部分。相关领域一直在发展，探索人类"过于人性化"的本质是一件十分有趣的事情。

结语：冲啊！

写这本书的过程中，我读了很多关于"说服力"的研究，其中的很多研究以一种结构化的方式呼应了我做编辑工作时经历或听说过的事。

但有时，如此多专家对"说服力"的质疑，也让我感到沮丧。我会问自己：在社论专栏工作了那么久值得吗？你真的能改变人们的想法吗？

有一天我突然想到这个问题，就给亚历山大·科波克（Alexander Coppock）去了电话，他是耶鲁大学政治学系的助理教授。他最近做了一项研究，与我的内心想法和经历密切相关：他想知道，社论文章究竟有没有用——值得为社论文章花钱、花时间吗？为此，科波克设计了一项针对数千人的在线调查，将被试者分为"阅读社论文章组"和对照组。他发现，那些读过社论文章的人比那些没有读过的人更能认同作者的观点。

他说，没有人真正知道究竟是什么能让人们改变想法——他和他在卡托研究所的同僚们只是发现"人会受到影响"，而没有发现"人为什么受到影响"。这种影响无关党派，不管影响来自共和党人还是民主党人，在读过文章后，他们对作者的认同度都增加了 5 到 10 个百分点。这种影响虽然不会带来彻底的变化，比如将一个民主党人变成共和党人，但这种细微的改变是可以量化的，也是持续的。

我相信说服的力量，主要是因为我在生活中看到了很多积极的改变。无论是通过写作还是与他人面对面交流，我们都能与世界产生联系，看到世界的样子，生活的样子。但愿这本书给了你写作的灵感和勇气。将自己的想法整合起来与他人分享，是一件很有满足感的事情。我们一同看世界，我们的语言以最原始、最意义深远的方式，将我们联结在一起。

致　谢

我要感谢很多人，但最要感谢的是我的编辑罗伯特·韦尔。他对这本书很有信心，而且宽容和蔼，我的第一稿不怎么样，但他没有放弃。我从未遇到过如此敬业、聪明、踏实的编辑。

然后是艾丽丝·马泰尔，我的经纪人。我们认识这么多年，这只是我出版的第二本书，所以她很难在我身上捞到什么好处。她是一位坚定不移的朋友，一个好顾问。

亚瑟·布鲁克斯给了我这本书的创作灵感，他是我编辑生涯中遇到的最令人愉悦的作者之一。我向亚瑟发牢骚说自己不知道接下来该做些什么时，他建议我写这本书。

感激安迪·罗森塔尔，他给了我一个再好不过的机会。感谢我在《纽约时报》社论专栏部的同事们，我永远不会忘记你们教会我的东西，与你们共事的 5 年里，我很知足。

最后，我要感谢我的丈夫拉里·沃哈德勒尔、我们的女儿哈蕾·沃哈德勒尔以及那些为我的生活带来快乐的亲人朋友。

图书在版编目（CIP）数据

共鸣写作 /（美）崔西·霍尔著；唐乃馨译 . —北京：北京时代华文书局，2022.11
书名原文：writing to persuade
ISBN 978-7-5699-4727-4

Ⅰ. ①共… Ⅱ. ①崔… ②唐… Ⅲ. ①写作学 Ⅳ. ① H05

中国版本图书馆 CIP 数据核字 (2022) 第 229285 号

Copyright © 2019 by Trish Hall All rights reserved
Printed in the United States of America First Edition
简体中文版由银杏树下（北京）图书有限责任公司出版

北京市版权局著作权合同登记号　图字：01-2022-0318

拼音书名 | Gongming Xiezuo

出 版 人 | 陈　涛
出版统筹 | 吴兴元
责任编辑 | 李　兵
执行编辑 | 王　灏
特约编辑 | 张　怡　张莹莹
责任校对 | 陈冬梅
装帧设计 | 墨白空间·曾艺豪
责任印制 | 訾　敬

出版发行 | 北京时代华文书局 http://www.bjsdsj.com.cn
　　　　　北京市东城区安定门外大街 138 号皇城国际大厦 A 座 8 层
　　　　　邮编：100011　　电话：010-64263661　64261528

印　　刷 | 天津中印联印务有限公司　电话：022-59220703
　　　　　（如发现印装质量问题，请与印刷厂联系调换）

开　　本 | 690 mm×960 mm　1/16
印　　张 | 12.75　字　数 | 163 千字
版　　次 | 2023 年 7 月第 1 版
印　　次 | 2023 年 7 月第 1 次印刷
成　　品 | 165 mm×230 mm
定　　价 | 46.00 元

版权所有　　侵权必究